오늘부터
워킹맘

경력 단절을 극복하고 성공적으로
리스타트하고 싶은 여성들을 위한 지침서

오늘부터 워킹맘

초판 1쇄 인쇄 2020년 10월 19일
초판 1쇄 발행 2020년 10월 23일

지은이 백서연

발행인 백유미 조영석
발행처 (주)라온아시아
주소 서울특별시 서초구 효령로 34길 4, 프린스효령빌딩 5F

등록 2016년 7월 5일 제 2016-000141호
전화 070-7600-8230   **팩스** 070-4754-2473

값 14,500원
ISBN 979-11-90820-85-1 (03190)

라온북은 독자 여러분의 소중한 원고를 기다리고 있습니다. (raonbook@raonasia.co.kr)

오늘부터 워킹맘

백서연 지음

RAON
BOOK

아내이자 엄마가
일해야다 함께 행복하다!

일하고 있는 사람이 부러운 이유

몇 년 전 대학교 동창들과 모임을 가진 적이 있다. 한때는 이름만 대면 모두가 알 만한 좋은 직장에 다니던 멋진 커리어 우먼들이었다. 하지만 결혼을 하고 나서는 그동안의 경력을 버리고 모두 한 남자의 아내이자 한 아이의 엄마로서만 살아가고 있었다. 아이들을 키워놓고 제2의 삶을 준비하려고 했지만 예전과 달리 자신감 없는 모습을 보였다.

"애 엄마는 갈 곳이 없는 것 같아. 경력이 단절되어 날 써주는 회사가 있겠어?"

"애 엄마가 뭘 할 수 있을까? 자존감을 높이고 싶어."

"40대에 난 어떻게 살아야 할까? 일을 다시 하고 싶은데 자신이 없어."

"지금의 네가 너무 부러워. 네 인생을 살고 있는 네가 너무 멋져 보여."

다들 하나같이 이런 말들을 하며, 내가 일을 하고 있다는 이유만으로 나를 부러워하고 있었다. 그 당시 나는 미혼이었기에 친구들과 반대로 결혼을 하고 안정적인 삶을 살고 있는 그녀들의 삶이 무척이나 부러웠다. 친구들의 이야기를 들으며 그 당시의 나는 절대로 경험해보지 못한 감정이었지만 '경력 단절'이란 단어 자체가 주는 어감이 무섭고 슬프게만 느껴졌다. '결혼을 하는 순간, 엄마가 되는 순간 그동안 노력했던 것들이 다 물거품이 되어버린다?'

좋은 대학을 가기 위해 남들처럼 밤새가며 공부했고, 좋은 직장을 갖기 위해 열심히 스펙을 쌓았고, 유리천장을 뚫고 승진을 하기 위해 상사 눈치 보며 치열하게 직장 생활을 했지만 워킹맘으로 살아가는 것이 그렇게 호락호락하지만은 않은 듯했다.

그 순간 나는 남성들이 완전히 이해하기 어려운 '여성들의 꿈을 이룰 수 있도록 도와주는 사람이 되고 싶다'는 작은 다짐을 했다.

"애들아, 내가 정말 열심히 해서 너희같이 능력 있는 여자들이 다시 일할 수 있는 환경을 만들어줄게."

남자들은 정말 모른다

"서연아, 제발 좀 평범하게 살아라. 이렇게 경기도 안 좋고 한데 왜 멀쩡한 직장에 편한 자리 때려치우고 나와서 또 고생길 찾아가려고 하는 건지 모르겠다. 너란 사람은 정말 철이 없는 건지……. 이젠 평범하게 좋은 남자 만나서 결혼도 하고, 애도 낳고 그래야지. 여자 나이 서른여섯 살이면 절대 적은 나이 아니다. 이제 제발 나잇값 좀 해."

퇴사를 결심했을 당시 잘나가는 대기업의 과장이자 대학교 남자 동창이 나에게 해준 말이다. '여자가 평범하게 사는 것은 좋은 남자 만나서 결혼하고 애를 낳는 것'이라는 그의 머릿속 공식에는 완전히 동의할 수 없었지만 웃으면서 친구에게 말했다.

"아무리 생각해도 난 평범하게 살 팔자가 아닌 것 같아. 좋은 남자와의 결혼은 할 때가 되면 하겠지. 근데 한 남자의 아내로 불리는 것보다 그냥 나 자체, 백서연으로 살아가는 게 좋아. 나이 먹는 게, 결혼 못 하는 게, 돈 못 버는 게 두려워서 내 꿈을 이룰 시간 자체를 낭비하는 게 어쩌면 더 손해이고 무서운 일인 것 같아. 언젠가는 부딪힐 일이었으면 지금 부딪히는 게 나의 40대를 위해서 더 낫지 않을까?"

그 당시 나는 결혼도 하지 않은 미혼이었기에 경력 단절에 대한 걱정조차 없었다. 오로지 내 꿈만 생각하며 달리면 그만이었다. 그렇게 열심히 앞만 보며 달리기 시작했다. 그 당시에는 골드 미스의 삶까지는 아니었지만 실버 미스 정도의 삶을 누리면서 그럭저럭 만족하는 삶을 사는 듯했다.

하지만 사업을 시작하고 얼마 되지 않아 대학 동창이 말했던 것처럼 나도 평범하게 좋은 남자를 만나 결혼을 했고 두 아이의 엄마가 되었다. 그러면서 나 역시도 친구들과 다르지 않게 예외 없이 경력 단절의 시기를 겪을 뻔했다. 특히 둘째를 임신했을 때는 밤새 무리하며 일했던 탓에 1.6킬로그램의 7개월 이른둥이로 출산하는 바람에 참 많이 마음 아프고 힘든 시간을 보내야 했다.

과거 내 친구들이 했던 고민들이 나 역시 결혼을 하고 엄마가 되니 더욱더 가슴 깊이 다가왔다. "아이를 키우려면 온 마을이 동원된다"는 말도 있는데 나는 누군가의 도움도 받을 수 없었다. 육아와 동시에 일을 한다는 것은 생각보다 쉽지 않았다. 육아를 하는 동안 나에게는 내 꿈을 멈춰야만 하는 무수히 많은 상황들이 찾아왔다.

오늘 한고비를 잘 넘겼다고 생각했는데 내일 더 큰 고비가 기다렸다는 듯이 내 앞에 나타났다. 마치 워킹맘으로 살아가는 나에게 마지막 고비 따위는 없는 것 같았다. 가정과 일이라는 두 마리 토끼를 어떻게 잡아야 할지 몰라 발을 동동 구르기도 했고, 일을 포기할까 마음을 굳혔다가 누군가의 아내와 엄마로만 살 자신이 없어 그 마음을 접기를 수백 번 반복했다.

여자라면 누구나 경험하게 되는 경력 단절

남자는 태어나서 세 번 운다고 했던가. 내가 느끼기에 여자는 결혼하고 나서 크게 세 번 우는 것 같았다. 첫 번째는 애 낳을 때, 두 번째는 육아할 때, 마지막 세 번째는 경력이 단절되었을 때. 여성들은 임신, 출산, 육아라는 '변화 3종 세트'를 경험하면서 세상이 정의해놓은 경력 단절 여성이 되어야만 하는 선택의 기로에 아슬아슬하게 서 있는 것 같았다.

하지만 육아 때문에 나의 일과 나의 꿈을 포기할 수는 없었다. 힘에 부칠 때마다 내가 친구들에게 무심코 내뱉은 한마디 말이 떠올랐다. 능력 있는 여자들이 다시 일할 수 있도록 도와주는 사람. 내가 직접 경험을 해보니 그 꿈은 더 간절해졌고, 나 스스로 포기해버리면 내 삶의 가치도 사라질 것만 같았다.

나는 일과 육아 둘 중에 하나를 포기하기보다 모두를 포기하지 않고 완전한 나만의 인생을 사는 방법을 찾기 시작했다. 여러 공을 저글링하듯 때로는 아슬아슬하게 워킹맘의 길을 걸어갔지만 그 어떤 공도 놓치지 않기 위해 애썼다. 이러한 과정에서 내가 깨달은 소중한 한 가지는 바로 아내이자 엄마가 일해야 다 함께 행복할 수 있다는 사실이다.

주변을 둘러보면 누구보다도 뛰어난 실력을 갖고 있지만 그것을 펼치지 못하고 육아에만 얽매여 있는 여성, 워킹맘으로 다시 시작하고 싶지만 구체적인 방법을 모르는 여성들이 너무도 많다. 동창 모임에는 일하는 남자 동창들만 나오고 엄마가 된 여자 동창들은 얼굴조차 볼 수 없는 현실이 같은 여자로서 너무나도 안타깝다.

너무나 능력이 출중한 여성들이 엄마가 되고 일을 놓으면서 자신이 가지고 있는 능력을 잃어버리거나 잊어버린다. 과거에 좋은 커리어를 가졌던 경험이 있더라도 마트에서 캐셔 알바조차 할 수 없을 거라고 자신을 평가절하해버리기도 한다. 어쩌면 엄마로만 살면서 능력보다 자존감과 자신감을 같이 잃어버리는 게 더 큰 문제일 수 있다. 한 가지 중요한 사실은 지금 현재 상태가 결코 날 말해주지 않는다는 것이다. 아내와 엄마 둘 중에 하나를 포기하지 않고도 자신의 인생을 충분히 잘 만들어나갈 수 있다. 누구 엄마가 아니라 온전한 내 이름으로 사는 방법을 지금부터 고민하고, 찾아내고, 견디면 된다. 결국은 이런 과정들이 워킹맘으로 리스타트하는 데 도움을 줄 것이다.

직접 운전대를 잡고 멋진 풍경을 즐기자

나와 비슷한 고민을 하고 있는 이 세상의 아내이자 엄마들이 용기를 내 자신의 인생 스토리를 더욱 멋지게 만들어갔으면 좋겠다. 다른 사람이 운전하는 차의 조수석에 앉아만 있으면 내가 원하는 풍경은 보지 못한다. 두렵더라도 직접 운전대를 잡고 내가 원하는 곳으로 운전해나갔으면 좋겠다. 자신이 원하는 대로 더 많은 곳을 가고, 더 많은 것을 보고, 눈앞에 펼쳐진 더 멋진 풍경을 즐겼으면 좋겠다.

어쩌면 과거에 나와 비슷한 고민을 했을 것이고, 지금도 그 고민이 계속되고 있는 누군가의 아내이자 엄마. 내가 만난 여성들보다 더 많은 여성들이 용기를 내 워킹맘이란 이름으로 다시 시작할 수 있었으면 좋겠다. 그런 마음을 담아 내가 좌충우돌하며 부딪혔던 경험들과 노하우를 모아 이 책에 정리하게 되었다.

이 책은 다섯 가지의 이야기로 구성되어 있다. 1장은 왜 여성이 워킹맘으로 리스타트해야 하는지에 대해서 이야기한다. 아내로서 엄마로서만 존재하는 것이 아닌 워킹맘으로서 나만의 일을 해야 하는지를 다양한 관점에서 설명하고자 했다.

2장은 워킹맘으로 리스타트하기 위해 꼭 필요한 것들을 다루고 있다. 따라서 일하는 아내로 리스타트하기 전에 반드시 해야만 하는 중요할 사항들을 스스로 점검해볼 수 있을 것이다.

3장은 경력 단절을 딛고 한 회사의 CEO로 변신하여 창업에 성공하는 방법에 대한 것이다. 엄마로서 아이를 키우며 새롭게 얻게 된 경험들을 통해 걸림돌을 디딤돌로 삼아 육아와 일, 두 마리 토끼를 잡는 엄마만의 창업 방법을 구체적으로 담았다.

4장은 커리어 우먼으로 다시 태어나는 경단녀의 재취업 성공법에 대한 것이다. 결혼, 출산, 육아로 인해 자의 반 타의 반으로 어쩔 수 없이 경단녀는 되었지만 재취업에 도전하여 성공할 수 있는 구체적인 노하우를 담았다.

5장은 '경단녀'가 되지 말고 '경계녀(경력을 계속 이어가는 여성)'로 살아남는 방법에 관한 것이다. 워킹맘들은 일과 육아에 지쳐 가슴 깊은 곳에 사직서를 항상 품고 산다. 전업맘이 되지 않고 당당한 워킹맘으로, 조직에서 성공적으로 자아실현을 할 수 있는 구체적인 방법을 담았다.

각 장 끝에는 멋진 워킹맘으로 성공한 여성들의 생생한 스토리가 담겨 있다. 창업하여 성공한 워킹맘, 경력 단절 여성에서 재취업하여 성공한 워킹맘, 경단녀가 아닌 경계녀로 임원까지 승진한 주인공들이 대한민국 워킹맘으로 살아가기 위한 현실적인 조언을 해줄 것이다.

마지막으로, 워킹맘으로 리스타트하기 위해 꼭 필요한 알짜배기 정보들을 부록으로 수록했다. 다양한 정보들을 통해 일상 속에서 직접 실행해보고 실질적인 변화를 경험했으면 하는 바람이다.

부디 이 책을 통해 당신이 잃어버렸던, 아니 잠시 잊고 있었던 멋진 워킹맘의 삶을 과감하게 다시 시작했으면 좋겠다. 가능한 많은 아내이자 엄마들이 이 책을 읽고 보다 자신 있고 당당하게 자신의 인생을 새롭게 시작해볼 수 있는 계기가 되었으면 한다. 나의 스토리가, 이 책에 실린 워킹맘들의 성공 스토리가 당신에게 '이 사람도 하는데 나도 못하겠어?'라는 생각이 들도록 했으면 좋겠다.

현실의 벽에 부딪혀 쉽게 도전하지 못하고 있는 경력 단절 여성, 남들처럼 스타벅스 커피를 마시며 당당하게 출근하는 커리어 우먼을 다시 꿈꾸는 여성, 지금은 한 가정의 경영자이지만 이젠 가정뿐만 아니라 한 회사의 CEO로 우뚝 서고 싶은 여성, 일을 하고는 있지만 매번 일과 육아에 지쳐서 퇴사를 고민하고 있는 여성들이 현실에 주저하지 말고 용기를 내 더욱더 멋진 워킹맘으로 리스타트할 수 있는 작은 응원이 되었으면 좋겠다. 당신이 이 책을 손에 들고 첫 페이지를 읽어 내려가는 순간 이미 새로운 도전의 세계로 한 발 나아가 있길 바란다.

마지막으로 이 말을 꼭 기억해주었으면 한다.
여자는 아름답다!
엄마는 여자보다 강하다!
그리고
워킹맘은 엄마보다 더욱더 행복하다!
여자, 아내들이여!
워킹맘으로 리스타트하라!

백서연

| 차 례 |

4장 전업주부는 굿바이: 재취업 성공법

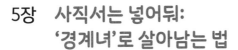

5장 사직서는 넣어둬:
'경계녀'로 살아남는 법

| 부 록 | 재취업과 창업에 도움이 되는 사이트와 기관

1장

—

당당한 엄마가
되기 위한 리스타트

WORKING MOM

반쪽짜리 인생이 아닌
완전한 인생을 사는 방법

왜 아내는 가끔씩만 행복할까

"요즘 너무 우울해요."

"시간이 갈수록 나 자신이 없어지는 느낌이 들어요."

"지금까지 뭐 해 놓았나는 생각이 절 너무 힘들게 만들어요."

"일과 육아, 둘 다 제대로 하는 게 너무 힘들어요."

"행복해지고 싶어요."

일을 하고 싶지만 어디서부터 무엇을 시작해야 하는지 모르겠고
방향을 잃은 것 같다. 뭐 하나 나아지는 것도 없고 어제와 같은 오
늘, 오늘과 같은 내일, 다람쥐 쳇바퀴 돌듯 반복되는 일상에 점점 지
쳐간다. 육아에 전념하느라 대화를 나눌 사람도 없고 외딴 섬에 홀
로 갇혀 있는 느낌이 든다. 일과 가정 어느 하나도 놓칠 수 없어 매

일매일이 갈등이고 흔들림의 연속이다.

혹시 지금 이 글을 보고 있는 당신이 그런 느낌이 드는가? 행복해지고 싶다는 생각이 드는가? 그렇다면 바로 지금 워킹맘으로 리스타트할 때이다.

〈82년생 김지영〉이라는 영화를 보면 주인공 김지영(정유미 분)이 이런 말을 한다. "가끔은 행복하기도 해요. 그런데 또 어떤 때는 어딘가 갇혀 있는 기분이 들어요." 매일 같은 곳에 있고, 매일 같은 사람과 대화하고, 매일 같은 일을 하면 사람은 당연히 우울해질 수밖에 없다.

아내와 엄마로서 살아간다는 것은 충분히 가치 있고 보람된 일이자 세상에서 제일 어려운 일이다. 하지만 가끔씩 우울해지는 까닭은 누군가의 아내, 엄마 이상으로 나 자신을 명확하게 정의내릴 수 없기 때문이 아닐까.

내 삶의 중심에 나라는 사람 대신 남편과 자녀가 자리 잡는 순간 아내와 엄마라는 이름으로 희생하는 날들이 늘어난다. 결국 자의반 타의 반으로 나의 일을 놓은 후에 꿈도 잃고 소중한 자신도 잃어가기 시작한다.

"그땐 왜 둘 중 하나만 선택해야 한다고 생각했을까요?"
"돌이켜 보니 내가 쌓아놓은 커리어가 너무 아까워요."
"다시 나의 일을 하고 싶어요."
"너무 늦지는 않았겠죠?"

20

나는 내 나이대도 그렇고, 직업 특성 때문에도 그렇고, 일을 다시 시작하고 싶어 하는 사람들을 자주 만나게 된다. 과거 자신의 선택에 대해 원망하는 사람도 있고, 커리어를 쌓지 못한 것을 후회하는 사람도 있고, 두려움에 선뜻 시작하지 못하는 사람도 있다.

하지만 한 가지 분명한 사실은 일을 그만두더라도 결국 언젠가는 다시 일을 하고 싶은 날이 오거나 일을 해야만 하는 날이 반드시 온다는 사실이다.

왜 일하는 사람들은 행복해 보일까

"오늘 우리 팀 회식이야. 애들이랑 저녁 잘 챙겨 먹어."

육아에만 전념했던 당시 남편에게 이런 연락을 받을 때마다 나는 우울해지기 시작했다. 물론 남편의 의도는 끼니를 거르지 말라는 걱정의 마음이었겠지만 그 당시 나는 남편의 순수한 마음 그대로 받아들이기 어려울 정도로 삐딱선을 타고 있었다.

'나는 매일 이렇게 고생인데 하필이면 꼭 회식을 해야 해? 남편은 내가 정말 어린아이들과 함께 저녁을 잘 챙겨 먹을 수 있다고 생각하는 걸까?'

이런 부정적인 생각들에 사로잡혀 죄 없는 남편은 물론 아이들에게까지 이유 없이 화가 치밀어 오르기도 했다.

남편이 직장에서 포상 휴가로 해외 워크숍을 가게 되어 일주일 동안 집을 비워야 했을 때도 마찬가지였다. 착한 아내라면 회사에서 인정받은 남편을 진심으로 축하해주고 함께 기뻐해야 마땅했다. 하지만 내 마음은 간장 종지 크기만큼이나 작아져 "왜 나만 육아에 치여 고생해야 해?"라는 말부터 먼저 나오는 나쁜 아내로 변해가고 있었다.

그뿐만이 아니었다. 이런 비슷한 일들이 반복될 때마다 육아에만 전념하고 있는 내 모습과 화려해 보이는 주변 사람들을 비교하기 시작했다. 어쩌다 SNS를 보면 자신의 일을 하고 있는 사람들은 멋지게만 살고 있는 것 같았다. 그런 사진들을 보고 있으면 나의 삶과는 격이 다르다는 생각에 우울함에 빠지곤 했다.

그 당시 아이들은 너무 어렸기 때문에 잠깐이라도 한눈을 팔면 무슨 일이 벌어질지 몰랐다. 그래서 최대한 빠른 시간 내에 배를 채울 수 있는 것들로 끼니를 대충 해결하는 것이 일상이 되어버린 나였다. 그런 나의 삶과는 달리 자신의 일을 하며 분위기 좋은 곳에서 밥도 먹고 여유롭게 시간을 보내는 사람들이 부럽기만 했다.

엄마라는 이름으로 살게 된 순간 집에서 따끈따끈한 국물에 밥을 말아먹는 것도 사치가 되어버린 것만 같았고 스트레스성 위염은 늘 친구처럼 따라다녔다.

예전에 일을 할 때는 화려하고 멋진 옷도 사 입고 예쁘게 화장도 하고 다녔는데 지인의 결혼식 말고는 화장할 일도, 정장 입을 일도 없었다. 가끔씩 거울에 비친 내 모습을 볼 때마다 나 자신이 점점 초라하게 느껴지기만 했다. 그러다 보니 결국 잘나가는 친구들과 만나는 것이 꺼려지기 시작했다.

일을 놓는 순간 주변 때문에 혹은 나 자신 때문에 자존감 또한 점점 낮아지기 시작했던 것이다. 자존감은 행복에 큰 영향을 준다고 하는데 자존감이 낮아지니 나 자신이 불행해질 수밖에 없는 것은 너무나 자연스러운 일이었다.

일하는 아내는 행복하다

과연 일을 한다는 것은 어떤 의미일까? 아내이자 엄마는 왜 일을 해야만 할까? 사람의 가장 기본적인 본능은 다른 사람에게 인정받고 자기 자신을 존중하며 궁극적으로는 자아실현을 하고 싶은 것이다. 이러한 것들은 바로 일을 통해 가능해진다. 하지만 육아와 가사 '일'을 하고 있음에도 불구하고 다른 사람들로부터 인정을 받기도, 자아실현을 하기도 너무 어렵게만 느껴졌다.

우리는 일을 하면서 살아 있음을 느끼고, 자신을 발견하고, 꿈을 꾸고, 그 꿈을 실현하며 행복을 느낀다. 즉, 일을 한다는 것은 나 자신이 살아 있다는 증거이자 나 스스로 행복해질 수 있는 방법이다.

《UN 세계 행복 보고서》에 따르면, 행복에 큰 영향을 미치는 것이 바로 일이라고 한다. 일하는 사람들은 일하지 않는 사람들에 비해 훨씬 높게 삶의 질을 평가하지만 일을 하지 않는 사람들은 일상에서 더 부정적인 감정을 경험한다는 것이다. 결국 일을 하지 않는다는 것 자체가 스스로를 불행하게 만들고 주변 사람들에게도 부정적인 영향을 미치게 된다.

실제로 집에서 육아와 집안일을 전담하는 전업맘과 회사를 다니며 집안일을 병행하는 워킹맘 중에 누가 더 우울함을 느낄까? 보통은 일과 육아를 동시에 해내야 되기 때문에 워킹맘이 스트레스가 더 크고 우울해질 것이라고 생각하지만 예상 외로 전업맘이 우울증을 겪는 경향이 심하다는 연구 결과가 있다.

그뿐만이 아니다. 여러 가지 역할을 하는 워킹맘은 결혼생활을 원만하게 하고 건강하고 자신의 삶에 만족하는 모습을 보이기까지 한다. 그렇기 때문에 일은 엄마의 행복한 삶을 위해 반드시 필요하다고 할 수 있다.

눈앞에 두 마리의 토끼가 있을 때는 한 마리만 쫓아야 한다고 하지만 어쩌면 둘 다 중요할 수 있다. 요즘에는 그 중요한 일도 하나만 하지 않고 여러 가지 일을 동시에 하는 N잡러의 시대가 아니던가. 마찬가지로 한 사람의 인생에서 보자면 가정과 일이라는 두 마리 토끼 다 중요하기에 둘 중 하나를 놓친다면 반쪽짜리 인생을 사는 것이다.

나는 일과 육아라는 선택의 기로에 서서 다시 시작하기 두려워하는 아내이자 엄마들에게 둘 중 하나가 아니라, 둘 다 선택하라고 말하고 싶다. 다른 사람의 행복이 아닌 자신의 행복을 찾아야 한다고. 그리고 아내이자 엄마 이상의 자신의 존재로서의 그 무언가를 찾아야 한다고. 반쪽짜리 인생이 아닌 완전한 인생을 살아야 한다고.

아내의 일이 남편을 영원한 내 편으로 만들어준다

그녀는 왜 한밤중에 카톡을 보내야 했을까

"당신은 결혼생활이 행복한가?", "남편과의 관계가 원만한가?", "남편과 대화가 잘 통하는가?" 이런 질문을 했을 때 자신 있게 "네"라고 대답할 수 있는 사람은 과연 몇 명이나 될까?

아마 어떤 사람들은 자식 때문에 그냥 살고 있다고 대답하거나, 사랑이 아닌 의리로 살고 있다고 대답하거나, 아니면 남편과 말이 너무 안 통해서 이혼까지 고려하고 있다고 대답하는 사람도 있을 것이다.

얼마 전에 친한 후배가 한밤중에 카톡을 보내왔다.

"언니, 혹시 자고 있어?"

"아니, 괜찮아. 무슨 일 있어?"

너무 늦은 시간이라 뭔가 느낌이 이상해서 물었다.

"언니, 나 이 남자랑 계속 살아야 하는지 모르겠어. 결혼하기 전에는 그렇게 날 아껴주고 존중해주더니 어느 순간부터 사람이 너무 많이 변했어. 내가 무슨 말만 하면 무시하는 투로 말하고, 내 말은 전혀 귀담아 듣지 않아. 나 진짜 우울증 걸릴 것 같아."

예전에 그녀는 직장에서 인정을 받으며 자신의 일을 무척이나 즐기던 내가 아는 몇 안 되는 커리어 우먼들 중에 한 명이었다. 하지만 그런 그녀가 결혼과 출산을 하게 되면서 어쩔 수 없이 퇴사를 결심하게 되었고, 전업맘으로 오랜 기간 육아에만 전념하고 있었다.

이야기를 자세히 들어 보니 남편이 퇴근하고 집에 들어오면 자신을 본체만체하고 TV만 본다는 것이다. 일 때문에 너무 피곤하다고 하는데 회사에서 무슨 일이 있었냐고 물어봐도 대답도 없고, "네가 일도 안 하는데 사회생활에 대해 알 턱이 있냐"며 말끝마다 자신을 무시한다는 것이다.

심리학에서는 인생에 네 번의 반항기와 위기가 있다고 한다. 1기는 세 살 무렵, 2기는 일곱 살 무렵, 3기는 사춘기, 4기는 중년기인데 3기까지는 부모에게, 4기는 배우자에게 사랑과 지지를 받아야 한다. 그렇지 않으면 물질적으로 부족함이 없더라도 정신적으로 부족함을 느끼게 되고 결국 우울해진다.

배우자에게 사랑과 지지를 받아도 모자라는 시기에 상대방의 입에서 자신을 깎아내리는 말을 자주 듣게 된다면 점점 위축되고 관계가 멀어지게 되는 것은 당연한 일이다.

후배의 남편이 자신의 아내에게 왜 이렇게 말하는지 그 이유는 자세히 들어봐야 알겠지만 이 부부의 문제 중의 하나는 공통의 관심사는 '아이' 말고는 전혀 없다는 것이다. 게다가 아이와 관련된 일도 거의 전적으로 아내가 독박육아를 하고 있는 터라 이 주제에 대해서도 부부간 대화가 잘 이루어지지도 않는다.

TV 보는 취향도 전혀 달라서 같은 시간, 같은 공간에서 남편은 거실에서 뉴스를 보고 있고 아내는 큰방에 들어가 혼자 드라마를 본다. 공통의 취미와 관심사도 전혀 없어서 주말엔 각자의 시간을 따로 보낸다.

행복해지려면 공통 관심사를 공유해야 한다

부부치료 전문가인 존 가트맨(John Gottman) 박사는 행복한 부부의 핵심은 바로 '우정'이라고 밝혔다. 여기서 말하는 우정은 무엇일까? 부부가 서로 존경과 기쁨을 나누는 것을 말하고, 배우자는 최고의 친구이자 동반자가 되어야 한다는 것이다.

"사랑이 어떻게 변하니?"라는 대사로 너무나 유명한 〈봄날은 간다〉라는 영화가 있다. 이 영화에서 여주인공 은수(이영애 분)는 말이 아니라 표정으로 "사랑은 변한다"라고 대답한다. 봄이 가면 여름이 오듯 계절이 변하는 것처럼 사랑이란 감정도 자연스럽게 변하는 것이 자연의 섭리이다.

실제로 연구에 따르면, 남녀 간에 가슴을 뛰게 만드는 호르몬은 길어야 3년밖에 되지 않는다고 한다. 우스갯소리로 부부는 의리로 산다고 말하는 것처럼 사랑이 우정으로 변하는 것은 부부생활의 자연스러운 현상인 것이다. 즉 친구와 할 수 있고, 친구와 하고 싶은 것이 부부간에도 가능해야 관계가 오래 지속된다.

그렇다면 베스트 프렌드와는 무엇을 나눌까? 베스트 프렌드는 시시콜콜한 것까지 공유하고, 공통된 관심사를 가지고, 서로의 희망과 꿈을 이야기한다. 오랜 시간을 함께 보내며 인생의 많은 것들을 함께 나누는 것이 바로 친구 관계인 것이다.

정작 친한 친구들과도 각자 먹고사느라 바빠서 만날 시간도, 이야기할 시간도 점점 줄어든다. 그렇기 때문에 나이가 들수록 부부는 서로가 관심을 가지고 관심사를 공유하고 꿈을 이야기해야 한다. 즉 부부가 행복해지기 위해서는 서로에게 베스트 프렌드가 되어야 하는 것이다.

만약 남편이 야구를 좋아한다면 내가 야구를 싫어하더라도 드라마 〈스토브리그〉라도 보면서 야구에 대해 관심을 가져야 한다. 상대방에 대해 이해해야 하고 이야깃거리를 지속적으로 만들려는 노력을 해야 한다.

그것도 아니라면 남편이 "넌 사회생활을 안 해서 얘기해도 잘 모르잖아"라는 말을 할 수 없도록 나 스스로 사회와 단절되지 않는 방법을 찾아야 한다. 집에서 드라마만 볼 게 아니라 뉴스도 보고 세미나도 들으러 다니면서 자신을 성장시켜나가야 한다. 굳이 직장 생활을 하지 않더라도 집 밖에서 다양한 사람들을 만날 수 있는 기회를 찾고 세상 돌아가는 것을 알아야 한다.

그것도 아니라면 정말 워킹맘으로 사회생활을 적극적으로 하면서 남편과 '일'이라는 공통의 관심사를 만들어야 한다. 일을 통해 나의 꿈을 꾸고, 나의 꿈에 대해 남편에게 이야기하면서 남편을 내 꿈의 지원자이자 파트너로 만들어야 한다.

일을 통해 남편과 최고의 인생 파트너가 되자

나는 남편과 성격이 정반대이다. 자동차로 비유하자면 남편은 차분하고 여유로운 세단 같은 사람이고, 나는 성격 급하고 모험적인 SUV 같은 사람이다. 게다가 나는 여기저기 일 벌이는 것을 좋아하는 일벌러(일을 벌리는 사람)이고 남편은 한 가지 일을 진득하게 잘 해내는 일잘러(일을 잘하는 사람)이다. 같이 살아 보니 취향도 완전히 다르다. 남편은 아기자기한 장신구들로 집 안을 꾸미는 것을 좋아하고, 나는 그런 것들이 거추장스럽게만 느껴진다.

취미는 또 어떤가. 남편은 야구, 축구 같은 활동을 좋아해서 주말에 반드시 운동을 하러 가야 한다. 하지만 나는 혼자만의 사색을 좋아해서 주말에는 서점이나 커피숍에 가서 독서를 해야 한다.

거의 대부분의 부부들이 결혼 전에는 정반대의 성격에 끌렸다가 결혼 후에는 정반대의 성격 때문에 많은 다툼이 일어나고 결혼생활의 위기가 찾아온다고 한다. 성격 차이 때문에 결혼했다가 성격 차이 때문에 이혼까지 한다는 말이 괜히 있는 게 아니다.

우리 부부는 성격도, 취향도, 취미도 극과 극이지만 유일한 공통 관심사가 있다. 바로 '육아'와 '일'이 그것이다. 나는 절대로 육아를 나만의 몫으로 남겨놓지 않는다. 처음에는 둘 다 육아에 서툴렀지만 시간이 지나니 남편은 나보다 애들을 더 잘 보고, 애들과 잘 놀아주는 슈퍼맨 아빠가 되었다. 자연스럽게 육아를 주제로 한 대화도 끊기지 않는다.

내가 사업을 하는 데 있어서도 남편은 나의 가장 가까운 직장 동료이자 상사가 되기도 한다. 대표로서 남에게 하지 못하는 얘기들을 털어놓을 사람이 절실히 필요할 때 내 일에 대한 조언을 가장 가까운 남편에게 얻는다. 내가 무리해서 가속 페달을 밟을 때도 적절히 브레이크를 밟아 잠시 멈출 수 있도록 도와주기도 한다.

때로는 남편이 내 사업 아이디어의 원천이 되기도 한다. 내가 중요한 강의 준비를 할 때는 "이 상황에서 이런 말을 해도 될까? 이 자료는 어때?"라고 남편에게 물어보면 교육생의 입장에서 서운할 정도로 날카로운 피드백을 해준다.

반대로 나도 팀장인 남편이 회사생활에 고민이 생기거나 리더십에 대한 문제가 발생했을 때는 적절한 시기에 조언을 해준다. 너무 다른 두 사람이 만나 '육아'와 '일'이라는 공통 주제로 공감대를 형성하게 되었고, 어느새 남편은 내 평생의 동반자임과 동시에 가장 친한 친구이자 사업 파트너가 되었다.

아내들은 남편이 영원한 '나의 편'이라고 믿고 결혼했지만 결혼해서 살아 보니 '남의 편'이라는 말들을 많이 한다. 심지어 연예인이

나 운동선수들에게도 열렬한 팬이 있는데, 아내들도 남편을 든든한 나의 '찐팬'으로 만들면 인생에 닥친 어떤 어려움도 헤쳐나갈 수 있지 않을까.

남편을 남의 편이 아닌 평생 나의 편, 더 나아가서 열렬한 나의 '찐팬'으로 만들고 싶다면 '일'이라는 공통된 관심사를 가지고 대화를 시도해보자. 그리고 '내 일'을 통해 나의 든든한 꿈의 파트너가 될 수 있게 만들어보자.

남편과 둘도 없는 대화 파트너이자 베스트 프렌드가 되면 남편도 행복해지고 나도 행복해지고 함께하는 행복은 두 배가 될 것이다.

100세 시대, 밥 잘 사주는
예쁜 아내가 최고이다

동화 속 공주들이 변했다고?

'나의 백마 탄 왕자님은 어디 있을까?'

어렸을 적에 내가 많이 읽었던 동화책에는 백마 탄 왕자님이 등장하여 위험에 처한 아름다운 공주님을 구해주곤 했다. 잘생기고 돈까지 많은 왕자님은 나쁜 악당을 물리치고 공주님과 결혼해서 오래오래 행복하게 산다는 것이 공주 이야기의 익숙한 결말이었다.

그래서 그런지 어렸을 적에는 백마 탄 왕자님을 손꼽아 기다렸던 적이 있었는데 아무리 기다려도 그런 핵인싸 왕자님은 내 눈앞에 잘 나타나지 않았다.

그런데 이제는 동화책에서조차 왕자 타령을 하는 공주가 사라지고 있다. 최근 디즈니 동화 속의 여성 주인공들을 보면 혼자 모험을 떠나거나, 가족을 구하거나, 자신의 길을 찾아나서기까지 한다.

얼마 전 〈주먹왕 랄프 2: 인터넷 속으로〉라는 영화를 재미있게 보았다. 이 영화에는 역대 디즈니 공주 열네 명이 동시에 출연하는데 기존의 공주 이미지에서 벗어나 히어로로 변신한다. 심지어 신데렐라는 트레이드마크인 유리구두를 깨서 악당들과 맞서 싸우기까지 한다.

그중에서도 디즈니 공주들이 바넬로피라는 공주에게 단체로 질문하는 대사가 참 많이 기억에 남는다.

"강한 남자가 나타난 것만으로 너의 모든 문제가 해결될 것이라고 생각하니?"라고 공주들이 묻자, 바넬로피는 "응"이라고 대답한다. 그 순간 공주들은 "얘 정말 공주(병) 맞네"라고 큰 소리로 비웃는다.

이제는 동화 속 공주들조차 정신적으로나 물질적으로나 자신을 남자한테 완전히 의지하지 않는 시대가 온 것이 아닐까.

중년 남성의 걱정거리들

남편과 나는 동갑내기 부부이다. 올해로 앞자리 숫자가 바뀌다 보니 뭔지 모를 심적 부담감이 커지는 것 같다. 얼마 전에는 남편과 함께 저녁 식사를 하는데 슬쩍 내 눈치를 보며 조심스럽게 돈 이야기를 꺼내기 시작한다.

"오늘 회사에서 연봉 협상을 했는데 연봉이 얼마 안 올랐어……. 집 대출금도 갚아야 하고 지금은 애들이 어려서 그나마 다행이긴 한데. 애들이 커갈수록 학원비도 많이 들어갈 텐데 과연 감당할 수 있을까······. 애들이 대학 들어갈 때는 우리가 예순 살인데 과연 둘 다 일을 하고 있을까······. 애들이 결혼할 때 결혼자금은 어떻게 하지······. 우리 노후자금은? 나이 마흔에 이 돈밖에 없다니 쓸쓸하네."

갑자기 꺼낸 이 말에 왠지 모르게 너무나도 무거운 가장이라는 이름의 무게가 느껴졌다. 남편이 즐겨보는 방송 중의 하나가 〈나는 자연인이다〉라는 프로그램이다. 내가 봤을 때는 자연 속에 갇혀서 너무나 재미없게 사는 것 같은데 남편은 이 방송을 보면 마음이 편안해진다고 한다. 자신도 나중에는 '지상낙원'인 대자연에서 살고 싶다고 종종 나에게 말하기까지 한다.

나중에 알게 된 사실인데 이 프로그램이 장르별 시청률 1위까지 하며 중장년 남성들이 가장 많이 시청하는 프로그램으로 꼽혔다는 것을 알고 너무나 놀라웠다. 우리나라 중장년 남성들이 가장이라는 역할 때문에 사회에서 치열하게 경쟁하면서 얼마나 지쳐 있는지 알 수 있을 것 같았다.

내 주변의 중년 남성들의 이야기를 들어 봐도 현재 가장 큰 걱정 거리는 돈이라고 말한다. 어떤 남성은 서울 중심에 위치한 이름 있는 브랜드 아파트에 자가로 살고 있는데도 불구하고 자신의 아이가 "아빠, 우리 집 거지야?"라는 말 한마디에 충격을 받아 앞으로 어떻게 살아야 하나 큰 고민에 빠졌다고까지 한다. 요즘은 금수저로 태어나지 않은 이상 혼자 벌어서는 먹고사는 것도 버거울 정도로 어려운 시대라고 말한다. 물가도 오르고, 집값도 오르고, 애들 학자금도 다 오르는데 오르지 않는 것은 내 월급뿐이다.

후배들은 점점 치고 올라와서 퇴직 날짜는 가속도가 붙는 것 같은데 자녀가 독립할 때까지 과연 잘 부양할 수 있을지, 결혼자금은 마련이나 해줄 수 있을지 매일이 걱정이다.

왕관을 쓰려는 자는 그 무게를 견딜 수나 있겠지만 다들 나만 바라보고 있는 집안의 가장은 왕관은커녕 가장이라는 이름조차도 무거울 뿐이다. 시간이 갈수록 심적 부담감은 눈덩이처럼 커지기만 할 뿐이다.

100세 시대, 남편과 함께 미래에 대비해야 한다

오랫동안 전업맘이었던 친구가 어느 날 전화를 걸어왔다.

"오랜만이야. 잘 지냈지?"

"잘 지냈지. 너는 어떻게 지내?"

"나 취업했어!"

"우와! 정말? 너무 축하해!"

이야기를 들어 보니 애 키우느라 오랫동안 공백 기간이 있었던 것치곤 꽤 괜찮은 연봉을 받고 재취업을 한 것 같았다.

"돈 아끼느라 집에서 믹스 커피만 마셨는데 이젠 출근길에 스타벅스 커피를 당당히 사먹을 수 있게 됐어. 남편 혼자 버는 돈으로 애들 학원비도 감당하기 벅차서 너무 힘들었는데 이젠 나도 내 돈을 쓸 수 있게 돼서 얼마나 행복한지 몰라."

수화기를 타고 들려오는 친구의 목소리에서 그동안 느껴보지 못했던 뭔가 모를 설렘과 행복함이 고스란히 전해졌다. 친구는 육아를 전담했음에도 불구하고 단지 돈을 벌고 있지 않다는 것에 대한 죄책감에 항상 시달렸다고 했다.

"분명히 나도 육아라는 일을 하고 있는데 이상하게 남편 카드로 결제를 할 때는 왠지 모르게 남편 눈치를 보게 되더라. 네 돈 내 돈이 어디 있냐고 하는데 결국 벌어오는 사람 돈이더라. 경제력이 없으니 내가 점점 작아지는 느낌이랄까. 그런데 일을 다시 시작하면서 나 스스로 당당해진 것 같아. 왠지 모르게 남편도 더 잘해주는 것 같고. 돈을 진작 벌었어야 했나 봐."

실제로 워킹맘들 이야기를 들어 보면 전업맘보다는 워킹맘으로 사는 것이 더 행복하다고들 한다. 그 이유는 자녀 학원비를 내가 번 돈으로 감당할 수 있어서, 생활비 부담이 줄어들어서, 노후자금을 마련할 수 있어서 등의 경제적인 이유가 가장 크다.

《완전한 평등을 향하여》라는 책에서는 경제적 책임을 부부가 분담할 경우에 아내는 죄책감을 덜 수 있게 되고, 남편은 가정에 더욱 관심을 쏟는다는 연구 결과가 있다. 또한 실제로 아내가 일을 하면 생활비 분담을 통해서 결혼생활도 오래 유지될 확률이 높아진다고 한다.

따라서 아내가 일을 한다는 것은 1석 3조 이상의 효과를 가지고 온다. 경제적 효과는 기본이고, 남편의 관심은 따라오는 보너스이고, 만일 이혼할 경우 자기 자신을 보호할 수 있는 보험도 될 수 있다. 게다가 일하는 과정에서 나를 다시 찾는 기회가 생길 수 있다는 것은 어쩌면 인생의 로또가 될 수도 있다.

외발자전거보다는 두발자전거로 달리는 것이 더 빨리, 그리고 더 안전하게 목적지에 도달할 수 있다. 마찬가지로 둘이 함께 수익을 만들어간다면 가장으로서의 경제적 압박감을 남편과 함께 나눌 수 있고, 빠른 시일 내에 경제적 안정감을 맛볼 수 있다.

이를 통해 내가 사랑하는 사람들을 더 아껴주고 지켜줄 수 있다. 결국 돈은 가정의 행복을 위해 꼭 필요한 수단이 되는 것이다.

은퇴 후 집에서 세 끼 모두 챙겨 먹는 남편을 '삼식이'라고 부른다는 우스갯소리가 있다. 남편들은 예상 외로 훨씬 더 빨리 삼식이가 되어 가정으로 돌아올 수 있다. 의도치 않게 삼식이가 된 남편 대신에 어느 순간 내가 준비 안 된 가장이 될 수 있음을 기억해야 한다. 100세 시대에 다가올 미래를 하루 빨리 준비해야 나중에 더 당황하지 않는다.

이젠 시대의 흐름에 따라 변화하고 있는 동화 속 여성 주인공처럼 내가 스스로 인생의 주인공이 되어 가족을 구하고, 나의 길을 찾아나서야 한다.

"강한 남자가 나타난 것만으로 너의 모든 문제가 해결될 것이라고 생각하니?"라는 질문에 "아니. 내가 강해져서 문제를 해결해야지"라고 이젠 당당하게 말할 수 있어야 한다.

일하는 엄마가 자녀에게는
최고의 롤 모델이 된다

롤 모델과 미러링 효과

몇 년 전 첫째 아이를 낳고 조리원에서 신생아 교육을 받았을 때
조리원 선생님께서 이런 말씀을 하셨다.

"산모님들, 별거 아닌 것 같지만 신생아들과 하는 대화가 정말로
중요해요. 아기들이 못 알아듣는 것 같지만 다 보고, 듣고, 느낀답니
다. 아기와 대화할 때는 목소리 톤도 매우 중요해서 구연동화 하듯
이 아기와 대화하면 아기가 커서 달변가가 돼요.

엄마의 표정도 매우 중요해서 엄마가 웃으면 아이가 따라 웃으
니 많이 웃으셔야 해요. 신기하게 인상 쓰고 있는 엄마를 보면 아이
도 같이 인상 쓰고 있답니다. 무엇보다 가장 중요한 것은 엄마가 행
복해야 아기도 행복하다는 사실을 꼭 기억하세요."

이것이 바로 심리학에서 말하는 '미러링 효과(mirroring effect)'이

다. '미러링 효과'는 말 그대로 거울을 통해 나의 모습을 보듯 나 역시도 다른 사람의 거울이 될 수 있다는 것이다.

우리 뇌에는 거울신경이라는 것이 있는데 이 신경은 다른 사람의 행동을 보기만 해도 자신이 그 행동을 하는 것처럼 작동한다. 내가 웃지 않더라도 상대방이 웃고 있으면 내가 웃는 것처럼 느끼는 것처럼 가까이 있는 누군가의 감정과 표현을 똑같이 따라 하는 것이다.

그렇다면 나는 누구의 거울일까? 내가 가장 오랜 시간을 보내고 자주 함께하는 상대는 누구일까? 바로 엄마와 아이일 것이다. 어쩌면 엄마가 아이의 거울이자 인생의 가장 가까운 롤 모델이 될 확률이 높다.

아이는 엄마의 모습을 닮아간다

"저 애는 누굴 닮아서 그럴까?"

이렇게 내가 물으면 남편은 지그시 나를 쳐다볼 때가 있다.

"정말 몰라서 물어?"

나도 날 완전히 빼닮은 내 아이들이라는 것을 너무나도 잘 안다. 첫째를 출산한 당시에는 조리원 선생님의 말이 가슴에 와닿지 않았다. 하지만 두 아이를 키우면서 겪어보니 정말 콩 심은 데 콩 나고 팥 심은 데 팥 나는 걸 온몸으로 체감하고 있다. 놀랄 정도로 시간이 갈수록 아이들은 내가 하는 말투, 표정, 행동, 모든 것들을 닮아가고 있다.

나는 집에서 책상 위에 노트북을 켜놓고 일을 할 때가 많다. 그 모습을 보고는 불과 네 살밖에 안 된 첫째 딸이 키보드를 마구 두드리면서 날 보고 이렇게 이야기한다.

"엄마, 나 일하고 있어."

내가 책을 읽고 있으면 장난감을 가지고 놀고 있던 아이도 어느새 동화책을 가지고 와서 내 옆에 앉아 책을 읽는다.

보통은 엄마들이 아이를 공부시키기 위해 시도 때도 없이 잔소리를 한다. 대개 "공부해"라고 따라다니면서 명령조로 말하기 쉽다. 하물며 나조차도 누가 명령하면 더 하기 싫어지는 청개구리로 변하지 않던가.

아이를 공부하게 만드는 가장 쉬운 방법은 아이가 엄마의 모습을 보고 따라 할 수 있도록 엄마가 먼저 공부하는 모습을 솔선수범해서 보여주면 된다. 그러면 아이도 TV나 게임 대신 자연스럽게 책을 펼치게 된다. 이렇게 아이는 자라면서 엄마로부터 강력한 신호를 받고 엄마의 모습을 닮아간다.

일하는 엄마 모습은 아이에게 최고의 롤 모델이 된다

"엄마, 가지 마!"

일하는 엄마라면 누구라도 들었을 이 말. 아이가 출근하지 말라고 울고불고할 때는 정말 내가 하고 싶은 일을 하는 것이 맞는 것인지 스스로를 자책하기 시작했다. 워킹맘이기 때문에 엄마 노릇을 잘하지 못하는 것 같아 늘 아이에게 미안한 마음이 들었다.

"지금은 엄마 없으면 못 살 거 같지? 애도 다 자기 살 길 다 찾아 간다. 몇 년 만 지나 봐. 엄마보다 남자친구가 더 좋다고 할걸. 그러 니깐 너무 죄책감 갖지 마. 너 할 거 해."

일과 아이 사이에서 고민하고 있던 나에게 남편이 해준 말이다. 이상하게 일하는 아빠와는 달리 일하는 엄마들은 자신이 대역죄인 이 된 것 같다고 스스로 말한다. 일하는 엄마들은 아빠와 점수를 비 교하지 않고 전업맘들과 점수를 비교한다. 하지만 절대 자신을 나쁜 엄마, 0점짜리 엄마라고 자책하지 말아야 한다. '미러링 효과'처럼 시간이 지나면 일하는 엄마 모습이 바로 아이에게 롤 모델이 된다.

보통 사람들은 워킹맘은 엄마 역할을 잘하지 못할 거라는 고정 관념을 가지고 있다. 하지만 많은 연구 결과에서 워킹맘 밑에서 자 란 아이에게 어떠한 부정적인 문제도 발견하지 못했다고 밝혔다.

심지어 워킹맘의 딸은 자라서 더 좋은 직장을 다니고 더 나은 사 회성을 갖게 되고 높은 임금을 받고 리더십까지 더 뛰어나다는 연구 결과도 있다. 워킹맘 밑에서 자란 아들도 마찬가지이다. 결혼한 뒤 에 육아에 더욱 참여하고 더 나은 아빠가 된다는 연구 결과도 있다.

아이는 일하는 엄마를 더 자랑스러워한다

얼마 전 친구와 식사를 하고 있는데 친구가 자신의 고민거리를 불쑥 꺼냈다.

"아이를 유치원에 데려다줬는데, 갑자기 우리 아이가 하는 말이 엄마도 다른 엄마들처럼 화장도 예쁘게 하고 예쁜 옷도 입고 왔으면 좋겠다고 하는 거 있지. 아이한테 이 말을 들으니깐 순간 일을 다시 시작해야 하나 고민이 많이 되더라."

친구에게 예전에는 유치원에 다니는 아이들이 예쁜 엄마를 자랑스러워했다면 요즘에는 일하는 엄마를 더 자랑스러워한다는 얘기를 전해 들었다. 정장을 차려입고 당당하게 출근하는 엄마가 아이 눈에는 더 예뻐 보이고 더 멋있다고 생각한다는 것이다.

예전에 배우 김남주가 육아에만 전념하다가 아이가 무심코 꺼낸 "친구들이 그러는데 엄마는 드라마에도 안 나오고 이제 인기 떨어졌다고 하던데?"라는 한마디 말로 인해 몇 년간의 공백을 깨고 드라마 출연을 결정했다는 인터뷰 기사를 본 적이 있다.

그동안 주부로서 육아에만 전념했는데 하루에 김밥 여섯 알만 먹으면서 살도 열심히 빼고 스타일 연구도 많이 해서 30~40대가 선호하는 패션의 아이콘으로 다시 입지를 굳혔다는 기사를 읽었다. 게다가 무엇보다 큰딸의 경우 드라마의 광팬이라며 시어머니 역할을 하기 전에 더 많은 작품을 했으면 좋겠다고까지 말했다고 한다.

일하는 엄마들은 아이에게 늘 미안해하지만 아이가 어느 정도 크고 자라면 엄마가 일하는 것을 이해하게 되고 열심히 일하는 모습을 자랑스러워한다. 그리고 아이에게 일하는 엄마는 친구들에게도 자랑하고 싶은 사람이 된다.

일하는 엄마들 이야기를 들어 보면 아이가 자신이 일하는 모습을 보고 엄마처럼 되고 싶다는 이야기를 종종 한다고 한다. 이런 말을 들으면 더욱더 열심히 일하게 만드는 동기가 된다고 말들을 많이 한다.

그러니까 엄마들이여, 미안해하지 말고 아이들에게 당당하게 일하는 모습을 보여주자. 열심히 일하는 엄마는 아이에게 좋은 롤 모델이 된다. 자녀교육을 위한다면 비싼 학원을 보낼 게 아니라 더욱더 어깨를 펴고 당당하게 일하는 모습을 보여주자.

엄마들이 아이의 꿈이 무엇인지 늘 궁금해하듯이 아이들도 엄마가 꾸는 꿈을 궁금하게 만들자. 어쩌면 더 중요한 것은 아이가 꾸는 꿈보다 엄마 자신이 꾸는 꿈일 수도 있다. 엄마의 꿈은 엄마를 더 아름답고 멋지게 만들고 더 나아가 아이의 꿈을 이끌어줄 수 있는 나침반이 될 수도 있다.

아이는 엄마와 함께 꿈을 만들어나간다는 사실을 꼭 기억하자. 그리고 엄마가 행복해야 아이도 행복해진다는 사실도.

지금은 여풍 당당한
워킹맘 시대

둘째까지 낳으려면 퇴사해야 하는 거야?

"언니, 나 심각하게 퇴사 고민 중이야. 밤에 잠도 잘 안 와."

일에 대한 열정이 흘러넘치는 그녀가 갑자기 퇴사 이야기를 꺼내기에 너무 놀라서 이유를 물었다.

"출산휴가 한 달만 쉬고 나오래. 말로는 임신해도 출산해도 애 데리고 다닐 수 있는 직장이라고 하면서 정작 직원들은 눈치 보게 되고 애 갖는 것도 죄인이 된 것 같은 느낌이야."

그녀는 열정적인 만큼 직장에서 많은 인정을 받고 있었다. 그녀가 다니는 회사 대표가 여성인데 결혼도 하지 않고 회사를 크게 키운 분이셔서 자신의 롤 모델이라고 항상 이야기하곤 했었다.

하지만 결혼을 하고 출산을 준비하면서 그녀는 예전과 달리 정반대의 마음으로 변해 있었다. 그토록 존경했던 분인데 이젠 그 마음이 사라지고 점점 마음이 떠나는 것 같다고 말했다.

"우리 대표님은 결혼도 안 하고 출산도 안 해봐서 워킹맘의 마음을 모르는 것 같아. 우리 회사엔 내가 보고 배울 만한 롤 모델이 없어. 둘째까지 낳으려면 정말 퇴사해야 할 것 같아."

워킹맘, 여직원의 최고 롤 모델

과거에 직장인들의 애환을 적나라하게 담아 폭발적인 인기를 누린 〈미생〉이라는 드라마가 있다. 세월이 많이 흘렀어도 이 드라마가 직장인들에게 많이 회자되는 이유는 그 여운이 아직까지 가슴속에 남아 있기 때문일 것이다.

특히, 나는 드라마 속 '선 차장'이라는 워킹맘이 아직도 잊혀지지 않는다. 현실과 달리 결혼과 출산 후에도 직장 내에서 능력을 인정받으며 남자 동기보다 더 빨리 승진했기 때문일까. 그래서인지 몰라도 드라마 속에서도 선 차장이라는 인물은 직장에서 근무하는 여직원들에게 최고의 롤 모델이었다.

워킹맘 선 차장은 깔끔하고 완벽한 일처리로 직장 상사는 물론 동료, 부하 직원들에게 두터운 신임을 얻었다. 때로는 능력 있는 '안영이' 같은 여직원들을 친동생처럼 생각하고 조언을 아끼지 않는다. 그중에서도 내 기억에 아직까지도 남아 있는 선 차장의 현실적인 조언은 "회사를 오래 다니고 싶으면 결혼을 하지 마"라는 것이다.

물론 이렇게 말한 선 차장의 마음도 어느 정도는 이해가 된다. 그

정도로 현실에서는 육아와 일을 병행하는 워킹맘들이 회사에서 오래 살아남기도 힘들뿐더러 여성 리더가 되기는 더욱더 어렵다. 어떤 여성 임원은 임원 모임에 가면 절반은 미혼이고, 결혼을 했더라도 반은 아이가 없다고까지 말하기도 한다. 실제로 우리나라는 유리천장지수(glass ceiling index, 〈이코노미스트〉가 2013년부터 OECD 회원국을 대상으로 직장 내 여성 차별 수준을 평가해 발표하는 지수)가 매년 꼴찌 수준이라고 하니 통계로도 어느 정도 증명이 되기도 한다.

하지만 내가 만약 선 차장이었다면 친동생처럼 생각하는 안영이에게 뭐라고 이야기했을까? 나라면 일과 가정 둘 중 하나만 선택하는 것이 아닌 두 가지를 병행하는 방법을 알려줬을 것이다. 선배(先輩)는 먼저 '선(先)' 자와 무리 '배(輩)' 자를 쓴다. 앞선 무리라는 뜻으로 먼저 길을 걸으며 후배에게 길을 만들어주는 사람이다.

비록 내가 지나간 길이 험난한 자갈길이었을지라도 내 뒤를 따르는 후배들은 편히 갈 수 있도록 아스팔트길로 만들어주는 것이 선배의 역할이다. 자식이 부모를 보며 자라듯이 막 입사한 여성 신입 후배들은 높은 자리에 있는 여성 선배를 보며 자란다.

얼마 전 모 기업에 취업한 여자 신입 사원에게 회사에서 롤 모델이 될 여자 선배가 누구냐고 물어본 적이 있다.

"저희 회사엔 여자 선배도 거의 없을뿐더러 저의 롤 모델은 한 명도 없어요."

이 한마디에 적지 않은 충격을 받았다. 신입 사원에게 배울 사람이 없다는 것은 곧 이 직원도 그 회사에 오래 머물지 않을 것임을 뜻한다. 오죽하면 신입 사원 퇴사 이유에 빠지지 않고 등장하는 것이 '비전이 없기 때문에', '롤 모델이 없기 때문에'가 아닐까. 얼마 전에 만난 후배는 "결혼은 하더라도 아이는 절대 안 가질래요. 아이 키우면서 일을 할 자신이 없어요. 워킹맘이 얼마나 힘들게 회사 다니는지 봐서요"라며 자신은 절대 워킹맘이 되지 않겠다고 선언까지 했다.

도대체 여자 후배들이 보고 배울 만한 현실 속 워킹맘 선 차장은 다 어디로 사라졌을까? 직장에서 워킹맘 선 차장이 살아남아야 미래의 안영이도 함께 살아남을 수 있다.

워킹맘이 일하면 기업의 수익성이 높아진다

직장 생활을 하는 워킹맘들은 항상 많은 고민을 털어놓는다.

"저는 이리저리 죄인이 된 것 같아요."

"아이 일 때문에 쓰는 연차도 주위에서 눈치를 줘요."

"퇴근 시간이 지나서 아이 데리러 가야 하는데 팀장님은 꼭 퇴근할 때 일을 시켜요."

"출산휴가와 육아휴직까지 제대로 다 쓰려면 퇴사하라는 무언의 압박을 받아요."

워킹맘은 직장 생활을 하며 다양한 심리적인 갈등을 겪을 수밖에 없다. 요즘같이 저출산 시대에 아이를 낳았다는 것 자체만으로도 상을 줘야 할 일인데 육아와 일 두 가지를 병행하는 것은 마땅히 칭찬받아야 할 일이다. 그럼에도 불구하고 현실 속 워킹맘들은 항상 죄송하다고 이야기한다.

내가 아는 후배의 직장은 여직원이 많았던 회사였음에도 불구하고 "임신하려면 번호표 순서대로 돌아가면서 해"라고 말하는 여성 팀장의 말에 상처를 받고 처음에는 임신 자체를 숨기기까지 했다고 한다. 하지만 워킹맘들은 워킹맘이라는 이유만으로 회사에 미안해 하지 말고, 기죽지 말아야 한다. 회사에서도 가슴과 어깨를 펴고 당당해져야 한다. 왜냐하면 여성들이 회사에 가져다주는 이익이 너무나도 많기 때문이다.

경영학자 톰 피터스(Tom Peters)는 미래의 핵심 트렌드를 '여성'이라고까지 말했다. 심지어 여성을 미래의 금광이라고까지 비유하기도 했다. 미래에는 여성의 상당수가 구매를 결정하게 되고 세계의 부를 좌지우지한다. 그렇기 때문에 여성 인력을 적극적으로 활용해야 기업 경쟁력을 확보할 수 있다는 것이다. 실제로도 여성이 많은 기업일수록 기업의 수익성은 높아진다는 연구 결과도 있다.

하물며 여성 플러스알파인 워킹맘은 더 많은 장점을 가지고 있다. 가사와 일을 동시 다발적으로 해야 하는 일이 발생하면 같은 상황일지라도 문제 해결 능력이 높다. 그리고 모성애라는 것이 기본적으로 탑재되어 있기 때문에 그것이 업무에 응용이 되면 세심함과 배려심 등의 효과를 가져다줄 수 있다.

특히 요즘처럼 경제가 불안할 때 가장 선호하는 자산도 바로 '금 재테크' 아니던가. 워킹맘들 스스로가 불안정한 기업 환경에서 훨씬 좋은 기회를 제공하는 '금 같은 존재'라는 생각을 가져야 한다.

워킹맘이 꿈을 이루면 여성 후배는 워킹맘이 된다

지금은 '여풍 당당 시대'로 불릴 정도로 우먼파워가 그 어느 때보다 강하다. 예전에는 큰 인기를 누리던 여자 연예인들이 결혼하면 은퇴했지만 지금은 세상이 달라졌다. 결혼을 하고 출산을 하고 워킹맘이 되어도 예전보다 더 활발히 활동하고 대중들에게 여전히 최고의 인기를 누린다. 마찬가지로 뉴스 기사를 보면 기업 임원이나 정부 고위직 여성들도 점차 늘어나고 있는 것을 확인할 수 있다.

최근에 모 자동차 CF 광고가 큰 화제를 낳았다. 예전 같으면 성공한 남성 모델이 주로 등장했던 자동차 광고에 여성 모델이 등장한 것 자체가 화젯거리가 된 것이다. CF에서는 동창회 자리에서 임원이 된 동창이 승진 턱을 내는 장면이 나오는데 마지막에 클로즈업으로 비친 주인공은 남성이 아닌 여성이었다. 비록 CF일지라도 유리천장을 깨고 사회적으로 성공한 여성이 늘어나고 있는 긍정적인 신호를 발견한 것 같았다. 이렇듯 여성도 가정과 일을 병행하면서 충분히 성공할 수 있다.

개인적으로 나는 "내가 꿈을 이루면 나는 누군가의 꿈이 된다"라는 말을 참 좋아한다. 미래의 여성 후배 안영이가 워킹맘인 선 차장을 보며 꿈을 꾸며 이렇게 말할 수 있어야 한다. 사실 이 말은 나의 후배가 나에게 수줍게 건넨 말이기도 하다.

"걱정이 되는 건 임신과 육아인데, 선배님 보니깐 힘들지라도 어떻게든 둘 다 하고 있으니……. 선배님을 희망으로 삼고 앞으로 나아갈 거예요."

엄마들의 인력은
고부가가치 투자처이다

능력 있는 여자들이 커리어를 버린다는 것

나는 사업 시작 후 얼마 지나지 않아 결혼, 출산, 육아를 경험하게 되었다. 그러면서 나 역시도 예외 없이 경력 단절의 시기를 겪을 뻔했다. 1인 기업가이기 때문에 제대로 된 출산휴가와 육아휴직을 쓸 수 없었고 정부로부터 출산, 육아 지원금도 받을 수 없었다.

출산과 육아 때문에 일을 하지 못해서 발생하는 금전적인 손해를 오롯이 대표인 내가 떠안아야 했기 때문에 만삭일 때도 일을 할 수밖에 없었다. 특히 둘째를 임신했을 때는 너무 무리했던 탓인지 배 속에서 10개월을 다 못 채우고 몸무게 1.6킬로그램의 7개월 이른둥이로 출산했다. 그 당시에 친한 친구가 병문안을 와서 나에게 이런 말을 해준 적이 있다.

"서연아, 그렇게 일이 하고 싶어? 내 주변의 엄마들 보면 좋은 대학 나오고 약사, 의사 할 거 없이 전문직이었던 사람들도 다 일 그만두고 애만 키우더라. 일이 아무리 좋다고 해도 애가 우선이어야 하지 않겠어? 지금부터라도 애가 클 때까지는 일은 좀 쉬는 게 어때?"

아기와 나의 건강을 걱정한 친구가 나를 너무나도 아껴서 해준 말이란 걸 잘 알고 있었다. 혹시나 일 욕심 많은 나 때문에 둘째가 잘못되기라도 하면 어떻게 해야 할지, 정말 일을 그만두고 애한테만 올인해야 할지 순간 심각하게 고민을 하기도 했다. 하지만 한편으로는 이런 생각이 들기도 했다.

'약사, 의사면 공부하느라 시간과 돈도 많이 썼을 텐데 그동안 투자한 게 아깝지 않았을까?'

'능력 있는 여자들이 커리어를 버리고 육아만 하는 게 국가적으로도 더 큰 손해 아닐까?'

엄마가 일을 하지 않으면 국가적으로 큰 손해다

일과 육아 사이에서 선택의 기로에 놓여 있을 당시 나의 미래와 함께 자연스럽게 첫째 딸아이의 미래도 함께 그려보게 되었다. 만약 딸아이가 커서 나와 비슷한 상황에 처해 있다면 과연 나는 딸에게 어떤 말을 해주는 엄마가 될 것인가?

"여자는 말이야, 결혼하고 애 낳으면 무조건 손해야. 그러니깐 그냥 너는 결혼하지 말고 평생 혼자 살아라."

"엄마의 삶보다는 아이가 훨씬 더 소중해. 애가 크는 건 아주 잠시니 너의 꿈은 당분간 접고 육아에만 올인해라."

나는 이런 말들을 미래의 내 딸에게 해주기는 너무 싫었다. 육아와 일을 고민하는 딸에게 "단지 엄마라는 이유로 너 자신의 꿈을 포기하는 인생을 살지는 않았으면 좋겠다"라는 말을 해줄 수 있는 엄마가 되고 싶었다.

하지만 둘째가 신생아 중환자실에서 입원을 해서 치료를 받고 있는 상황이라 두 달 동안은 매일 출퇴근하듯이 병원을 다녀야 했다. 퇴원을 하고 나서도 부모교육, 재활치료, 주기적인 진료 등으로 정상아와 다르게 세심한 케어를 필요로 했다. 어쩔 수 없이 그 기간 동안에는 일을 제대로 할 수 없는 상황들이 지속적으로 발생했다.

둘째 건강도 걱정이었지만 내 일을 영영 하지 못하게 될 수도 있다는 불안감이 조금씩 생기기 시작했다. 이 자리에 오기까지 나한테 투자한 비용을 모두 날려 버릴 수도 있을 거라는 생각, 이러다 정말 '석사 엄마(졸업하고 그냥 엄마로만 살아가는 석사)'가 되는 건 아닐지 매일 우울함에 사로잡혀 있었다. 하루 빨리 일을 하고 싶다는 생각이 들었지만, 둘째의 건강을 생각하면 그럴 수도 없었다. 그러던 중에 남편이 조심스럽게 말을 꺼냈다.

"정말로 일이 하고 싶어? 그럼 하고 싶은 일 해. 내가 회사를 그만둘게. 솔직히 말해서 자기가 나보다 학벌도 좋고 능력 있잖아. 자기 같은 인재를 잃으면 우리나라도 큰 손해 아니야?"

그때 남편의 한마디 말은 진심이 아니었는지 몰라도, 나에게만큼은 무슨 일이 있더라도 일을 절대 놓지 말아야겠다는 확신을 주었다. 비록 내가 나라를 구하지는 못할지언정 나뿐만 아니라 미래의 내 딸을 위해 열심히 일을 해야겠다는 다짐을 하게 된 계기가 되었다. 물론 남편은 회사 일을 그만두지 않았고, 나도 다른 방법으로 육아와 동시에 내 일을 유지하는 방법을 찾았다.

나는 절대로 손절해선 안 되는 고부가가치 투자처

지금은 저출산, 고령화, 저성장 시대이다. 많은 전문가들이 이런 시대에는 여성을 국가 경쟁력 확보를 위한 핵심 요소로 꼽는다. 여성의 뛰어난 두뇌를 활용해야 하는 시점에 많은 여성들이 출산과 육아로 인해 일을 하지 않게 되면 국가적으로 봤을 때 손실이 상당히 크다고 할 수 있다.

어디 그뿐인가. 우리나라에는 우수한 전문 인력과 고학력 여성들이 너무나도 많다. 실제로 대학 진학률은 물론 공무원 합격률 등 많은 데이터들이 남성을 이미 앞질렀다. 하지만 우리나라 여성 대다수는 출산 후 경력 단절로 인해 직장으로 다시 돌아오지 못한다. 그래서인지 몰라도 요즘에는 결혼을 하지 않으려고 하는 여성들의 숫자도 늘어나는 추세인 것 같다.

대학 입학부터 시작해서 박사학위까지 취득하는 데 대략적으로 10년은 걸리고 학비는 수천만 원이 든다. 엄청난 시간과 돈을 들여 자신의 미래에 투자했음에도 불구하고 결혼과 출산을 하면서 기존의 나라는 투자처는 버리고 남편과 아이라는 미래의 투자처로 옮겨야 하는 상황이 어쩔 수 없이 발생한다. 공대 출신 엄마는 아이들 과학 문제를 풀면서, 국문과 출신의 엄마는 아이들 책을 읽어주면서 전공을 살린다는 우스갯소리도 있다.

주식 투자에서는 '손절'이라는 용어가 있다. '가지고 있는 주식을 손해를 감수하고 파는 일'을 뜻한다. '노력해도 될 가능성이 낮은 상황일 경우 노력을 포기하는 행위를 뜻하는 은어'를 뜻하기도 한다.

가정경제를 위한 계산기를 두드리는 것도 중요한 일이다. 하지만 뛰어난 능력을 가진 자신이 일을 멈추는 것이 플러스인지 마이너스인지의 계산기도 함께 두드려봐야 한다. 나라는 사람을 그냥 손해를 보고 '손절'해도 될 투자처인지, 즉 그동안 투자한 것을 모두 버리고 포기해도 될 사람이 될 것인지 심각하게 고민해봐야 한다.

나는 여성들이 '나라는 사람은 절대로 손절해서는 안 될 고부가가치 투자처'라는 것을 꼭 기억했으면 한다.

더 많은 여성들이 행복한 나라

세계 행복지수 1위(2018 세계 행복보고서), 엄마와 아이들이 살기 좋은 나라 2위(2015 어머니 보고서), 엄마 10명 중 7명이 워킹맘인 나라가 어딜까? 바로 핀란드이다. 핀란드의 가장 큰 성장 요인 중 하나는 여성들이 활발하게 사회활동을 하기 때문이다. 당연히 맞벌이 가정 소득이 외벌이 가정보다 높듯 엄마와 아빠가 함께 일하는 나라이기 때문에 GDP 또한 높다.

나비효과라는 이론이 있다. 나비의 작은 날갯짓이 지구 반대편에선 태풍을 일으킬 수 있다는 이론으로 사소한 일 하나가 큰 결과를 낳는 것을 뜻한다. 한 사건이 개별적으로 움직이는 게 아니라 모든 일은 다 연결되어 있다는 것이다.

내가 어렸을 때 부모님께서는 "너는 너 혼자만의 인생을 사는 것이 아니다. 너와 연결된 모든 사람들의 인생을 사는 것이다"라고 종종 말씀하셨다. 결혼을 하고 아이를 낳아 보니 이제야 그 뜻이 조금씩 실감난다.

점이 연결되어 선이 되고, 선이 연결되어 면이 되고, 면이 연결되어 한 공간이 되듯이 엄마가 일을 하면 엄마와 연결된 더 많은 여성들이 일할 수 있는 자리가 늘어날 수 있다. 나 자신의 일자리는 물론이고 베이비시터의 일자리, 그 이상을 늘릴 수 있는 것이다.

그뿐만이 아니다. 엄마가 일을 할 때 엄마가 속해 있는 가정경제는 물론이고 기업경제, 가정과 기업이 속해 있는 우리나라의 경제도 살릴 수 있다. 국가 GDP 상승은 물론이고 국가 경쟁력도 확보할 수 있어 우리 아이들이 더 잘살 수 있는 나라, 행복한 나라를 만들 수 있다.

물론 핀란드처럼 엄마가 일을 하기 위해서는 우리나라가 해결해야 할 과제가 너무나도 많은 것이 사실이다. 제도적으로도 많은 뒷받침이 되어야 하겠지만 무엇보다 중요한 것은 일하고자 하는 엄마들의 의지가 먼저가 아닐까.

2장

미래의 핵심 트렌드
워킹맘: 준비는 이것부터

WORKING MOM

나는 누구이고
무엇을 원하는 사람인가

나에 대한 질문의 시작

"앞으로 뭐 하고 살아야 할까?"

2020년, 앞자리 숫자가 바뀌어 두 번째 스무 살을 맞이한 친구들을 만나면 하나같이 이런 말을 한다. 이때까지 엄마로만 살아왔다면 이제는 두근거리는 인생 2막을 제대로 준비해 내가 원하는 삶을 살고 싶다고. 사실 '앞으로 뭐 하며 살아야 하는지'에 대한 고민은 20대나, 30대나, 워킹맘이나, 전업맘이나, 나이와 하는 일에 상관없이 항상 하는 고민인 것 같다. 어쩌면 이 질문은 죽을 때까지 남에게 묻는 것이 아니라 자기 자신에게 끊임없이 물어야 하는 질문이다.

이런 고민을 하는 친구에게 "앞으로 뭘 하고 싶어?"라고 물으면 아무런 대답을 하지 못한다. "그럼 무엇을 좋아해?"라고 물으면 역시 아무런 대답을 하지 못한다. 나 역시도 마찬가지로 이런 질문들에 쉽사리 대답하지 못한다.

그런데 신기한 것은 내가 무엇을 좋아하는지는 잘 알지 못하면서 남편이나 자녀가 무엇을 좋아하는지는 너무나 잘 알고 있다는 사실이다. 남편, 아이들에 대해서는 좋아하는 음식부터 색깔, 취향 등 하나부터 열까지 속속들이 잘 안다.

"엄마, 예나는 검정색이 좋아", "〈겨울왕국〉 엘사가 좋아." 요즘 첫째 딸은 이런 말들을 나에게 자주 한다. 자신이 좋아하는 것들을 말할 때는 세상을 다 가진 듯 행복한 표정이다. 이와 반대로 싫어병까지 걸린 딸은 "싫어!", "아니야!"를 남발해서 매번 내 진땀을 빼놓는다. 불과 네 살밖에 안 된 딸은 신기할 정도로 좋고 싫은 것이 너무나도 분명하다.

자라는 딸을 보며 나도 어렸을 때는 좋고 싫은 것이 확실했을 거란 생각을 해본다. 하지만 무엇 때문인지 몰라도 언젠가부터 좋고 싫음조차 희미해져가고 행복의 농도 또한 흐려지기 시작한다.

만약 나의 인생을 행복하게 만들고 싶은가? 그렇다면 지금부터라도 나에 대해서 진지하게 공부해야 한다. 많은 연구에서도 자기 자신에 대해 잘 아는 사람은 그렇지 않은 사람보다 더 행복하고 더 큰일을 해낸다고 말한다.

어느 유명한 철학자가 "너 자신을 알라. 그것이 모든 지혜의 시초다"라고 한 말은 어쩌면 이 세상의 엄마들이 리스타트하는 데 있어서 가슴 깊이 새겨야 할 말일지도 모른다.

나는 누구인가, 나에 대한 공부 시작하기

워킹맘은 워킹맘대로 '일을 계속하는 게 맞을까? 일을 그만두고 애들을 잘 키워야 할까?' 고민하고, 전업맘은 전업맘대로 '일을 다시 시작하는 게 맞을까? 사업을 할까? 재취업을 할까?' 고민한다. 이런 내적 갈등이 시작될 때는 남한테 물을 게 아니라 나 자신한테 먼저 이런 질문들을 던져봐야 한다.

'나는 육아가 체질에 맞는 사람인가? 일을 하는 게 체질에 맞는 사람인가? 남편을 내조하는 게 맞는 사람인가? 많은 사람들을 만나야 에너지를 얻는 사람인가?' 한 발 더 나아가서 창업과 재취업 사이에서 고민하는 사람들은 '노력한 만큼의 돈을 벌고 모든 것을 책임지는 것이 맞는 사람인가? 한 회사에 소속되어 안정적인 월급을 받는 것이 맞는 사람인가?' 등의 수많은 질문들을 던져 스스로 답을 낼 수 있을 때까지 나에 대한 공부를 시작해야 한다.

나는 첫째가 태어나고 아기가 너무 예뻐서 육아에만 전념할까 잠시 고민했던 적이 있다. 하지만 나에 대한 공부를 시작하니 그 고민은 그리 오래가지 않았다. 주변에서 나를 잘 아는 사람들도 "너랑 전업주부는 전혀 어울리지 않아. 사람이 생긴 대로 살아야 병이 안 나"라는 말들을 나에게 하곤 했다.

정말 나라는 사람은 내 성격, 적성, 재능 등을 고려해봤을 때 육아에만 전념하며 전업맘으로 사는 것은 도저히 불가능한 사람이었다. 아이들을 위해 맛있는 요리를 해주고 싶어도 시간 투자 대비 효과는 미미했다. 몇 시간 동안 육수도 우려내고 온갖 좋은 재료를 넣어 이유식을 만들어도 아이들은 내가 만든 이유식보다 업체에서 주문한 이유식을 더 맛있게 먹었다.

남편도 아이들과 마찬가지 반응이었다. 남편을 위한 요리를 정성 들여 하더라도 남편의 젓가락은 내가 만든 음식으로는 잘 향하지 않았다. 오히려 요리 경연 대회의 심사위원이라도 된 것처럼 내 요리에 대한 날카로운 피드백을 하기 일쑤였다.

육아는 또 어떤가. 육아 관련 책보다 내 일과 관련한 책을 읽을 때 나는 더 행복했다. 육아를 열심히 해보겠다고 다짐하고 베스트셀러 육아 서적을 사도 몇 페이지도 안 읽고 덮어 버리곤 했다.

아이들이 가장 예뻐 보일 때가 '자고 있을 때, 방금 잤는데 또 잘 때, 주변이 아무리 시끄러워도 깨지 않고 계속 잘 때'라는 설문조사 결과에 격렬히 공감하며 몸은 아이들을 보고 있으면서도 머릿속은 '아이들이 언제쯤 자려나?'라는 생각만 했다.

게다가 나라는 사람은 한곳에 얽매여 있는 것보다 일을 하면서 다양한 사람들을 만날 때 에너지를 얻는 사람이었고, 스스로 경제력을 가져야 당당해지는 사람이었다. 남편이 벌어다준 돈으로만 생활할 때는 눈치 주는 사람도 없는데 이상하게 주눅이 들었다.

이렇게 나를 공부하는 것이 우선시되어야 워킹맘으로서 제대로 리스타트할 수 있다. 나의 내면을 현미경으로 들여다보듯이 스스로 묻고, 대답하고, 선택해야 한다. 그렇게 계속 공부하다 보면 흐릿했던 나의 진짜 모습이 선명하게 나타난다.

앞으로 무엇을 하고 살아야 할까, 강점 찾기

누군가의 아내와 엄마가 아니라 '나는 누구인가'에 대한 답을 찾았다면 이제는 "앞으로 무엇을 하고 살아야 할까?"에 대한 답을 내려야 할 때이다. 이것이 바로 엄마의 '직업'에서의 '업'을 찾는 일이다. 업을 찾는 일은 생각보다 쉽지 않다.

사실 일하는 많은 사람들이 일은 하고 있지만 자신이 무엇을 좋아하고 잘하는지 모른다. 실제로 어떤 설문조사에 의하면 직장인 10명 중 1명만 자신이 하고 있는 일이 진짜 잘하고 좋아하는 일이라고 대답했다고 한다. 나머지 9명은 자신이 무엇을 좋아하는지, 하고 싶은지도 모른 채로 그냥 기계처럼 직장을 다닐 뿐이다.

사람은 내가 원하고 좋아하고 잘하는 일을 할 때 성과가 높아지고 오랫동안 할 수 있다. 무엇을 해야 할지에 대한 답을 찾을 때는 반드시 선행되어야 하는 것이 나만의 강점이 무엇인지 정확하게 아는 것이다.

얼마 전 20년지기 친구를 만났다. 모 항공사 승무원으로 근무하면서 능력을 인정받아 사무장까지 초고속으로 승진했지만 결혼과 출산으로 그동안의 커리어를 버리고 한동안 육아에만 전념한 친구다. 너무나도 자신의 일을 사랑한 친구였기에 아이와 일 둘 중에 하나를 선택할 때 얼마나 고민하며 수많은 밤들을 지새웠을지 그 시간들은 내가 감히 가늠할 수 없을 정도다. 그런 친구가 아이도 어느 정도 키워 놓았으니 앞으로는 자신이 좋아하고 잘하는 일을 하면서 스스로를 발전시켜나가고 싶다고 말했다.

"생각해보니 나는 옷을 참 좋아하더라. 예전부터 주변에서 옷 잘 입는다는 이야기도 많이 들었어. 난 내가 직접 고민하고, 만들어내고, 창조하는 게 너무 좋아. 옷을 그냥 사서 파는 것이 아니라 직접 내가 디자인해서 파는 의류사업을 하고 싶어."

얼마 뒤 그 친구는 정말 자신이 생각하고 말한 대로 직접 옷을 디자인해서 판매하는 의류 쇼핑몰 CEO가 되었다.

내 친구가 자신의 일을 찾는 데 성공할 수 있었던 이유는 무엇일까? 여러 요인들이 있겠지만 나는 그 친구 스스로 자신이 누구인지 끊임없이 질문하고, 무엇을 좋아하고, 무엇을 잘하는지 고민하고 생각했기 때문이라고 생각한다. 자신이 진정으로 좋아하는 일을 오랫동안 하고 싶다면 더욱더 자신이 어떤 사람인지, 자신의 강점이 무엇인지 잘 알아야 한다.

당장 흰 종이를 한 장 꺼내서 나의 강점이 무엇인지 한번 써내려가보자. 강점이란 단어가 막연하다면 내가 가지고 있는 타고난 재능, 기술, 지식, 경험 등을 모두 적어보자.

자신의 강점을 찾기 힘든가? 강점이 없는 것이 아니라 잠시 잊은 것은 아닐까? 엄마가 되면서 내 사진보다 아이 사진을 더 많이 찍듯이, 카메라 렌즈 포커스를 내가 아닌 다른 사람들에게 초점을 맞춰왔기 때문은 아닐까? 하지만 지금부터라도 가장 예쁜 내 모습의 셀카를 찍는 것처럼 온전히 나에게 집중해서 나의 모습을, 나만의 강점을 천천히 들여다봐야 한다.

자신의 강점을 아는 것만으로도 이미 성공의 길로 들어선 것이라고 《위대한 나의 발견, 강점혁명》이라는 책에서도 말하고 있다.

누구나 다 달란트 하나는 가지고 태어난다. 어쩌면 그 달란트가 누군가의 아내, 엄마 역할을 하면서 없어진 것이 아니라 역할 수만큼 더 많아졌을 수도 있다. '나는 누구인가?' 지금부터 나에 대해서 진지하게 공부해보면 그것이 아마도 내가 원하는 삶의 첫걸음이 될 것이다.

자존감 연습으로
터닝 포인트를 만들자

엄마로서 내 자존감이 바닥을 칠 때

"언니도 이제 아줌마 다 됐어. 내가 알았던 그 사람 맞아?" 둘째를 출산하고 나서 얼마 지나지 않아 친한 후배들과의 만남에 내가 들었던 말이다. "너희들도 애 낳아 봐. 꾸밀 시간이 어디 있니? 밥도 제대로 못 먹어"라고 웃으며 말했지만 '아줌마'라는 한 단어에 크게 충격받아 속으로는 울고 있었다.

사실 둘째를 출산하고 나서 한동안 나의 자존감이 땅바닥까지 내려간 적이 있었다. 이상하게 거울에 비친 내 모습은 보면 볼수록 너무 초라해보였다. "둘째 낳고 나면 살도 잘 안 빠져"라는 말을 나의 몸뚱이가 산증인이 되어 말해주고 있었다.

갑자기 늘어난 살들로 인해 예전에 강의할 때 입었던 멋진 정장들은 쓰레기통에 던져 버려야만 했고, 늘어난 뱃살에 맞게 잘 늘어

날 수 있는 고무줄 바지만 사 입었다.

엄마가 된 후로 이상하게 내 옷 사는 돈은 너무나 아까웠다. 내 옷 살 때는 인터넷 최저가를 밤새 뒤지고 있었지만, 아이들한테 쓰는 돈은 비싼 물건들을 사도 전혀 아깝지 않다는 생각이 들었다.

한 번은 친정 엄마와 같이 밥을 먹는데 "아이들이 먹다 남은 음식을 버리면 애들 복 나간다. 엄마가 깨끗하게 먹어야 한다"라고 아이들 엄마인 나를 보며 말한 적이 있었다. 물론 미신이겠지만 그 당시 모성애가 갑자기 넘쳐흘렀던 나는 아이들이 진짜 벌 받을까 봐 걱정이 되어 먹다 남은 음식뿐만 아니라 아이들이 흘린 바닥에 떨어진 밥풀까지도 깨끗하게 주워 먹고 있었다. 애들 몫까지 내 몸 속으로 들어가니 자연스레 몸무게는 늘어났지만 이상하게도 자존감의 무게는 점점 줄어갔다. 하루 동안의 육아 스트레스는 애들을 재워놓고 먹는 맥주 한 캔으로 풀어버리는 게 습관처럼 되어버렸다. 이런 일상이 반복되니 살이 찌기 시작했고 자신감과 자존감도 같이 바닥을 쳤다. 밖에 나가지 않으니 더 '확찐자'가 되고 '확찐자'가 되니 자신감과 자존감이 같이 떨어지는 악순환이 반복되었다.

어디 그뿐인가. 쉴 새 없이 울리는 SNS 알람 소리와 함께 지인들의 사진들을 보면 더욱 우울해졌다. 모두들 멋진 명품을 휘감고 한껏 꾸민 모습으로 "나 잘나가는 커리어 우먼이야"라고 말하고 있는 것 같았다. 하지만 늘어진 티셔츠에 고무줄 바지를 입고 있는 내 모습은 그들에 비해 너무 작게만 느껴졌고, 《이상한 나라의 앨리스》처럼 아무리 뛰어도 나만 혼자 뒷걸음질치는 느낌이 들었다. 그렇게 자존감이 바닥을 치면 칠수록 온갖 화살은 남편과 아이들에게 고스란히 돌아갔다.

"너랑 결혼하고부터, 아이를 낳은 후로 내가 이렇게 된 거야."

워킹맘이 되려면 나 자신을 먼저 아껴야 한다

드라마 〈로맨스는 별책부록〉에서 주인공 강단이(이나영 분)는 고스펙 경단녀로 등장한다. 재취업으로 인해 인생 2막을 연 '강단이'가 과거의 자신을 돌아보면서 "나 자신을 조금 더 아꼈어야 했어"라고 말한다. 이처럼 어쩌면 나 자신을 바라보는 태도를 달리하는 것부터 모든 것이 시작될 수 있다.

사실 엄마가 되는 순간 많은 것들이 변한다. 아이로 인해 한없이 행복함을 느끼지만 반대로 급격한 호르몬 변화, 스트레스, 양육에 대한 부담감이 커지면서 대부분의 엄마들이 우울감을 겪는다. 게다가 출산과 육아로 인해 그 기간이 짧든 길든, 내가 쌓아온 경력이 단절되는 기간이 발생하게 되면서 힘들게 붙잡고 있는 자존감까지 나락으로 떨어지기 시작한다.

《자존감의 여섯 기둥》을 쓴 심리학자 너새니얼 브랜든(Nathaniel Branden)은 자존감을 위한 두 가지 기둥이 자아 효능감과 자기 존중감이라 말했다. 자아 효능감은 '나는 할 수 있어'라는 자기 신뢰이자 자신감이고, 자기 존중감은 '나는 꽤 괜찮은 사람이야'라는 스스로 가치가 있다는 믿음이다.

이런 자존감은 상황과 시간에 따라 바뀌는 경향이 있지만 워킹맘으로 인생 2막을 시작하기 위해서 자존감은 무슨 일이 있어도 내가 꼭 붙잡고 있어야 하는 것이다.

자존감이 있어야 자신을 소중히 여기게 되고 아이, 남편과도 잘 지낼 수 있다. 더 나아가 최선의 선택을 할 때도 다른 사람이 아니라 나 스스로 선택할 수 있는 힘이 생긴다. 일을 다시 시작할 때는 자신의 능력에 자신감을 가지게 되어 그 일을 잘해낼 수 있다.

워킹맘의 가장 쉬운 자존감 연습 방법

그렇다면 워킹맘으로 다시 시작하기 위해 자존감을 키우려면 어떻게 해야 할까? 거창한 것이 아니라 우선 내가 할 수 있는 가장 작은 것부터 찾고 실천해보자.

'스몰 스텝(small step)'이라는 말처럼 아주 작은 발걸음을 내딛는 것만으로 자존감을 키울 수 있는 힘이 생긴다. 이런 작은 성공 경험들이 쌓이면 성취감을 갖게 되고, 이는 곧 자신감과 자존감으로 이어지기 때문이다.

과거 자신의 일을 하며 당당했던 내 친구는 출산 후 독박육아를 하며 우울함이 찾아왔다고 한다. 덩달아 자존감도 같이 떨어져 사람들을 만나는 것도 꺼려졌다고 한다. 이를 어떻게 해결할 수 있을까 고민하다 일을 했을 때와 마찬가지로 육아를 할 때도 자신의 루틴을 실천했다고 한다.

직장을 다닐 때 그녀만의 루틴은 매일 아침 다이어리에 그날 '해야 할 업무 목록(to do list)'을 쓰고 실천하는 것이었다. 빨간 펜으로 하나씩 목록을 지워가며 그녀는 일에 대한 성취감과 재미를 동시에 느꼈던 것이다.

하지만 출산 후 아이들과 함께 시간을 보낼 때는 하루가 어떻게 갔는지 모를 정도로 정신없이 바빴다. 심지어는 자신이 '하루 종일 아이들 똥을 치우기 위해 태어난 게 아닐까?'라는 생각까지 들 정도였다. 정신 없이 바빴던 하루의 끝에서 정작 자신이 무엇을 하며 시간을 보냈는지 몰라 하루가 허무하게 느껴졌다고 한다. 그래서 책상 서랍 속에 고이 모셔놓았던 업무 다이어리를 다시 꺼내 회사를 다녔을 때와 마찬가지로 설거지, 우유 먹이기 등 아주 사소한 것이라도 그날 해야 할 일을 다이어리에 적고 한 일은 빨간 펜으로 하나씩 지워 나갔다고 한다. 그러자 육아할 때도 일할 때와 비슷한 성취감 같은 감정이 생겨났고, 자연스럽게 자존감도 함께 올라갔다는 것이었다.

자존감이 떨어진 원인은 무엇일까?

마찬가지로 나의 경우도 자존감이 바닥까지 내려갔을 때가 있었다. 자존감이 떨어진 원인들을 찾다 보니 SNS가 수많은 원인들 중 하나였다는 사실을 알게 되었다. 틈만 나면 내 손은 자동적으로 SNS를 확인하고 있었고, 나의 신경 안테나가 다른 사람들의 삶에

곤두서 있었던 때가 있었다.

다른 사람들의 SNS를 확인하며 '좋아요'를 마구 누르고 있었지만 사실 속마음은 결코 '좋아요'가 아니었다. '좋아요'는커녕 내 감정이 나빠지는 경우도 있었다. 나보다는 타인에 더 집중하며 시기와 질투를 넘어 나의 자존감까지도 스스로 낮추고 있었던 것이다. 그뿐만이 아니었다. 다른 사람들이 올린 사진과 글을 보느라 나의 소중한 시간까지도 낭비하고 있었다.

이런 나를 발견하고 난 뒤부터 다른 사람들의 삶을 훔쳐보는 대신 나의 삶에 더 집중하기로 마음먹었다. 처음에는 극단적으로 SNS 계정을 삭제하기도 했지만 이는 며칠 가지도 못했다. 지금 같은 초연결 시대에 사람들과의 연결고리를 완전히 끊어버리는 것은 경력 단절이 아닌 세상과의 단절을 의미했다.

결국 내가 찾은 방법은 SNS를 하는 횟수는 최대한 줄이고 대신 나에게 집중하는 것이었다. 매일 그날의 감정들을 메모형식이든, 낙서든, 형식에 상관없이 나만 볼 수 있는 개인 SNS에 끄적거리기 시작했다. 서랍 속의 물건을 꺼내기 위해서는 우선 서랍부터 열어야 하듯이 낮아져버린 자존감을 높이기 위해서 우선 나의 감정들부터 천천히 들여다보는 것이 선행되어야 할 일이었다.

신기하게도 곪은 감정들을 글로 적어내다 보니 실체가 명확하지 않다고 생각했던 나의 문제가 분명하게 보였다. 그것만으로도 어느 정도 해결된 것 같기도 했다. 보잘것없는 사람이라 생각했었는데 글을 쓰기 시작하면서 나 스스로 괜찮은 사람이라고 여기게 되었고 아이보다 나를 먼저 안아주게 되었다.

타인이 아닌 내 마음에 더 집중하는 시간을 가지니 잃어버렸던 나 자신을 다시 찾는 이상한 힘이 생겨났고, 오히려 내 삶은 예전보다 건강해졌고 평범했던 일상이 특별해지기 시작했다.

지금 당장 할 수 있는 일을 하라

네 살짜리 딸은 〈겨울왕국〉 시리즈를 무척이나 좋아한다. 그러다 보니 자연스럽게 〈렛 잇 고(Let it go)〉 노래는 물론이고 영화 속 대사까지 함께 외울 경지에 이르렀다. 이 애니메이션 영화는 어쩌면 자존감이 높은 딸보다 자존감이 떨어진 엄마인 내가 반드시 봐야 할 영화가 아닐까 하는 생각을 할 정도로 가슴에 와닿는 대사들이 너무나 많다.

그중에서도 "When one can see no future, all one can do is the next right thing"이란 대사가 있다. "미래가 보이지 않을 때 할 수 있는 유일한 일은 지금 당장 할 수 있는 일을 하라"는 것인데 이는 정말 자존감을 높이는 데도 큰 도움이 되는 방법일지도 모른다.

둘째를 출산하고 10킬로그램이나 넘게 늘어난 체중을 빼기 위해 몇 년 동안 하지 않았던 운동을 다시 시작했을 때 강사님이 나에게 이런 말을 한 적이 있다.

"운동할 때는 반드시 몸매가 다 드러나는 타이트한 옷을 입고 오세요. 타이트한 옷을 입고 내 두 눈으로 똑똑히 거울을 봐야 어디가 가장 살이 쪘는지 어디를 집중적으로 빼야 하는지 알 수 있어요. 현재 거울 속에 비친 내 모습이 부끄럽다고 숨을 필요가 전혀 없어요. 여기에 있는 어느 누구도 그 모습을 보고 욕하지 않습니다."

그 당시 강사님이 해준 이 말 한마디는 나에게 너무나 깊이 다가왔다. '현재 내 모습을 보고 부끄러워하지 말 것, 다른 사람들 앞에서 언제나 당당할 것, 자주 내 모습을 들여다보고, 그 안에 있는 감정을 알아차릴 것'. 어쩌면 이 말은 살을 빼기 위한 방법이 아니라 자존감을 높이기 위한 방법들이 아닐까.

이 책을 읽는 당신은 어떤가? 혹시 '이 나이에 내가 뭘 할 수 있을까?', '고작 내가…….' 이런 생각들이 드는가? 나는 아무것도 할 수 없는 사람이라는 생각을 하는가? 자존감이 바닥까지 갔다는 것은 이제 다시 올라갈 일만 남았다는 것을 의미하기도 한다. 이제부터는 지금 당장 할 수 있는 자존감 연습으로 인생의 터닝 포인트를 준비하며 누구에게나 미안한 엄마가 아니라 당당한 엄마가 되어야 할 때이다.

엄마의 꿈 나이를
기획하고 다시 써라

미리 걱정하지 말자

엄마가 되자 나는 항상 아이 걱정이 앞섰다. 돌이 한참 지나도 머리카락이 안 나서 걱정이었고, 걸어야 할 시기에는 안 걸어서 걱정이었고, 말해야 할 시기에는 '엄마'라는 말밖에 하지 못해 걱정이었다. 하지만 때가 되니 아이는 머리카락도 나고, 잘 걷고, 엄마 말고 다른 단어들도 유창하게 말하기 시작했다.

마찬가지로 워킹맘이 되어서도 걱정의 가지 수는 기하급수적으로 늘어났다. 일 때문에 아이 옆에 있어 주지 못해서 혹시나 아이가 잘 자라지 못할까 봐, 애정 결핍이 될까 봐, 다른 아이들에 비해 뒤처질까 봐 항상 걱정이었다. 하지만 내가 걱정했던 것처럼 최악의 상황들은 나타나지 않았다.

조지 월튼 박사의 《Why Worry?》에서는 걱정에 대한 재미있는 연구 결과가 나온다. 내가 살면서 하는 걱정 중에 40퍼센트는 현실에서 절대 일어나지 않으며, 30퍼센트는 이미 일어난 일에 대한 걱정이며, 22퍼센트는 아주 사소한 걱정이며, 4퍼센트는 나의 힘으로 할 수 없는 걱정이고, 나머지 4퍼센트가 내가 바꿀 수 있는 걱정이라는 것이다.

그렇다면 내가 하고 있는 아이 걱정들은 어디에 해당할까? 혹시 내가 바꿀 수 없는 쓸데없는 걱정들에 나의 시간과 에너지를 쓰고 있지 않은지 살펴봐야 한다. 아이뿐만 아니라 나의 미래에 대한 걱정도 마찬가지다.

'다시 재취업을 한다고 해도 과연 내가 잘할 수 있을까?'

'창업을 해본 적도 없는데……. 혹시라도 잘못돼서 창업자금까지 다 날려 버리지 않을까?'

'워킹맘이라 승진에 불이익이 있으면 어떻게 하지?'

나의 머릿속을 가득 채우고 있는 이런 걱정거리부터 날려 버려야 워킹맘으로 제대로 리스타트할 수 있다. 다가오지 않은 미래를 걱정할 시간을 나의 미래를 꿈꾸는 시간으로 만들어야 한다.

꿈을 꾸지 않으면 아무 일도 일어나지 않는다

얼마 전에 육아로 인해 오랫동안 일을 그만둔 지인과 이야기를 나눈 적이 있었다. 그분은 전공 관련 대학원까지 졸업하고 국가자격증까지 가지고 있는 다재다능한 사람이었다.

"가지고 계신 재능이 너무 아까워요. 그 재능을 살려서 다시 일을 해보실 생각이 없으세요?"

"일을 오래 쉬었는데 어떻게 일을 다시 시작할 수 있겠어요? 그럴 용기도 없고 제가 일을 다시 하는 거 자체가 마이너스란 생각이 들어요. 그냥 일하지 않고 가만히 집에 가만히 있는 게 돈 안 까먹고 플러스가 되는 길이에요."

그분의 대답을 듣고 나서 더 이상 일과 관련한 대화는 이어갈 수 없었다. 그분의 생각처럼 일하지 않고 가만히 있으면 정말 플러스 인생일까? 오히려 아무런 일도 하지 않고 가만히만 있으면 정말 아무 일도 일어나지 않는다. 아무런 일도 하지 않는다면 상처도 없겠지만 더 이상의 성장도 없다. 하지만 뭔가 시도하게 되면 어떤 식으로든 성장하는 것이 사람이다. 새로운 일을 시작하는 용기 속에 나의 꿈이 다시 시작될 수 있는 것이다.

얼마 전 딸아이가 갑자기 나에게 "엄마는 이름이 뭐야?"라는 질문을 한 적이 있다. "엄마 이름은 백서연이야"라고 말해주자, "백서연? 백서연!"이라며 계속 내 이름을 말하는 것이었다. 딸이 부르는 내 이름을 들으니 기분이 참 묘했다. 한편으로는 '그래, 엄마도 이름이란 것이 있으니 엄마 말고 내 이름으로도 열심히 살아야겠다'라는 다짐을 새삼스레 하게 되었다.

"엄마는 꿈이 뭐야?"

아이가 조금만 크면 엄마들은 아이의 꿈 질문에 적지 않게 당황한다.

"꿈……? 예전에 내 꿈은 피아니스트가 되는 거였어. 하지만 지금은 네가 잘되는 게 내 꿈이야."

"내가 잘되는 거? 내가 잘되는 게 어떤 건데?"

"……."

아이가 잘되는 건 결코 나의 꿈이 될 수 없다. 아이에게 내 꿈을 온전히 기대어 살게 되면 아이의 삶은 무거워질 수밖에 없다. 과연 아이의 삶이 무거워진다면 엄마의 바람대로 아이가 잘될까?

잘 생각해보면 엄마가 되기 전 꿈이 엄마가 되는 것은 아니었을 것이다. 아이에게 기대지 않고 오로지 나 자신이 주체가 되어 이뤄야 하는 것이 엄마의 꿈이 되어야 한다.

늦었다고 생각할 때가 가장 빠른 때

'너무 늦은 거 아닐까?'

다시 꿈을 꾸는 것 자체가 너무 늦었다고 생각하는 사람들이 있다. 하지만 늦었다고 생각할 때가 가장 빠른 때라는 말도 있다. 사실 요즘은 늦었다는 핑계 자체가 통하지 않는 시대가 된 것 같다.

최근 UN이 연령 분류 기준을 새롭게 정립했는데 0~17세는 미성년자, 18~65세는 청년, 66~79세는 중년, 80~99세 노년, 100세 이상은 장수 노인이라고 발표했다. 내 나이는 어디에 속하는가? 아마도 이 책을 읽는 대부분 청년에 해당할 것이다. 청년에 해당하는 나는 과연 꿈을 꾸며 살고 있는가.

청년이 아닌 중년들도 요즘엔 꿈을 꾸고 꿈을 이루는 시대이다. 하물며 꽃보다 중년이라는 말도 등장하지 않았는가. 예순다섯 살이라는 나이에 모델이라는 직업으로 화려한 인생을 다시 시작한 사람도 있다. 딸이 아빠의 젊었을 때 꿈을 이루라며 직접 모델 학원까지 등록해주었다고 한다. 이 이야기는 인기 있는 시니어 모델 김칠두 씨의 이야기이다.

몇 년 전 나의 부모님께서도 70세를 바라보는 나이임에도 불구하고 작은 가게를 오픈하셨다. 그 나이에 새로운 것에 도전하고 새로운 시작을 한 것이다. 예전부터 부모님의 꿈은 작은 가게를 하나 하는 것이었는데 이제야 자신들의 꿈을 이루었다. 그래서 그런지 두 분의 얼굴은 예전보다 훨씬 활기가 넘쳐 보인다.

부모님을 보고 이런 생각을 해본 적이 있다. 부모님보다 훨씬 젊은 내가 오히려 더 나이가 많았던 것은 아니었을까. 숫자 나이가 아닌 바로 꿈의 나이 말이다. 새롭게 시작하기에 절대 늦은 나이란 없다. 20대 젊은이도 꿈이 없으면 늙은이다. 반대로 80대 노인도 충분히 20대 젊은이가 될 수 있다. 그 방법은 바로 꿈을 가지고 사는 것이다.

100세 시대, 엄마의 꿈을 다시 써라

얼마 전 강사를 꿈꾸는 분들 중 한 분과 이야기를 나눴다. 그분은 오전에 어린이집에서 일을 하면서 강사라는 새로운 꿈을 꾸면서 강사 양성 과정에 등록해서 밤늦게까지 공부를 하는 분이시다. 저녁 끼니도 제대로 챙겨 드시지 못한 채로 다른 분들보다 항상 먼저 와 계신다. 강의 시작 전에 그분과 이런저런 이야기를 나누다가 갑자기 그분이 나에게 이런 말씀을 하셨다.

"어제 강사님 강의 듣고 집에 가는 길에 심장이 콩닥콩닥거렸어요. 강사님께서 어제 제 꿈에 대해 인정해주시고 지지해주셨잖아요. 사실 다른 사람들은 저를 이해하지 못해요. 제 나이에는 놀러 다녀야 하는데 늦은 나이에 웬 공부냐고. 모두가 이렇게 말을 하면서 아무도 저를 인정해주지 않았거든요. 그런데 어제 강사님 말씀 듣고 너무 힘을 얻었어요. 어제 제 인생의 서막을 연 기분이라고 할까요? 지금 100세 시대잖아요. 인생의 반도 안 살았는데 지금부터라도 다가올 미래를 항상 대비해야 한다고 생각해요. 자식들도 자기들 인생 사느라 용돈 얻어 쓰기도 힘들 거고요. 지금 꿈을 위해 공부하는 게 언젠가는 큰 도움이 될 거라 믿어요. 제 딸이 열여덟 살이거든요. 그런데 제 딸보다 요즘엔 제가 더 열심히 공부하는 것 같아요."

딸의 나이를 듣고 너무 놀라 머릿속으로 그분의 나이 계산을 하기 시작했다.

"혹시…… 나이가……?"

"올해 마흔아홉 살이에요!"

"와…… 정말 그렇게 안 보이세요. 진짜 동안이세요!"

그분은 새로운 꿈을 꾸고 계셔서 그런지 실제로 나보다도 한참 어리게 보였다. 매일 피부과를 갈 필요도, 비싼 화장품을 바를 필요도 없이 젊어지는 방법이 하나 있다. 그것은 바로 그분처럼 새로운 꿈을 꾸는 것이 아닐까.

혹시 당신은 지금 몇 살처럼 보이는가? 그렇다면 앞으로는 몇 살로 살고 싶은가? 현재 내가 몇 살로 보이건 상관이 없다. 앞으로 몇 살로 살고 싶은지 나 스스로 먼저 정의하는 게 훨씬 더 중요하다. 내 꿈의 주인은 다른 사람이 아닌 바로 나 자신이다. 지금부터라도 아이의 꿈보다 엄마인 나의 꿈에 더 관심을 가지고 내 나이를 다시 써보자.

부부의 세계부터
과감히 깨뜨려라

뭐? 집안일을 도와준다고?

나: 나는 왜 일도 해야 하고, 집안일도 하고 육아도 해야 해? 내
        몸이 열 개야?

남편: 나도 많이 도와주잖아.

나: 뭐……? 집안일과 육아가 나만의 일이야? 도와준다고 얘기
        하게? 도와주는 게 아니라 같이해야 하는 거라고!!!

신혼 초에 남편과 나는 "집안일을 도와준다"라는 이 말 한마디 때
문에 자주 다퉜다. 결혼 전에는 "손에 물 한 방울 안 묻히게 해줄게"
라고 프러포즈해놓고 결혼 후에는 정말 물 한 방울 안 묻는 최첨단
고성능 고무장갑만 끼게 하는 것 같았다.

〈슈퍼맨이 돌아왔다〉TV 프로그램을 보면 연예인 아빠들은 아

내 없이도 키즈카페 가서 아이들과 재미있게 놀기만 하던데 남편은 출연료를 안 줘서 그런지 키즈카페 가는 것을 너무도 싫어했다. 그 뿐만이 아니었다. 남편은 직장 생활에 올인해서 그런지 매일매일 야근의 연속이었다. 하지만 워킹맘인 나는 일과 가정의 밸런스를 잘 맞추어나가면서 흔들흔들 외줄 타기를 해야만 했다. 발을 한 번만 잘못 디디면 어디로 떨어질지 몰라 매일 불안함의 연속이었다.

직장 생활을 하는 엄마들은 6시 퇴근 후 다시 집으로 출근하는 육데렐라(육아신데렐라)로 변신해야 된다고 말하지만 재택근무를 하며 일을 하는 나는 딱히 정해진 출근과 퇴근도 없었다. 어떨 때는 잠자는 시간 빼고는 계속 일을 하고 있는 기분이 들기도 했다. 그래서 그런지 점점 몸과 마음은 피폐해져 갔다.

실제로 워킹맘이 가장 힘든 이유를 들어 보면 아이가 아파도 휴가를 쓸 수 없을 때, 아이의 학교생활을 잘 챙겨주기 어려울 때, 남편이 육아와 살림을 분담하지 않아 독박육아를 할 때가 가장 많이 꼽힌다. 실제로 한 연구 조사에 따르면, 평일의 평균 가사 시간이 아내는 3시간 이상이고, 남편은 40분 이내라고 하니 엄마들이 얼마나 힘든지 어느 정도 가늠이 되는 것 같다.

그런 이유 때문인지 몰라도 워킹맘의 고통지수는 상당히 높다. 분노의 대상 1순위를 물어보면 대부분 남편을 손에 꼽는다. 결혼 전에 "내가 너 때문에 살아"라고 말했던 애정의 대상 1순위가 결혼 후에는 "내가 너 때문에 못 살아"라고 말하며 분노의 대상 1순위로 완전히 뒤바뀌는 것이다.

가사를 분담하는 남편으로 만들어라

"설거지 한번 해달라고 부탁했더니 글쎄 내 할 일이 더 많아진 거 있지? 애를 봐달라고 했더니 정말 애를 두 눈으로만 보고 있는 건 또 뭐야? 차라리 내가 다 하는 게 속 편해."

내가 다 하려다가 속이 편해지면 정말 다행인데 내 인생 자체가 불편해지고 심지어는 불행해지기까지 하니 더 큰 문제가 생긴다.

워킹맘은 남편을 믿지 못해서 계속 집안일을 안 시키니 당연히 남편은 집안일을 안 할 수밖에 없다. 어쩌면 처음에 남편은 집안일을 할 줄 몰랐을 수도 있지만 점점 안 하게 되니 계속 못하게 되고, 못하게 되니 결국 안 하게 되는 사이클이 반복될 뿐이다.

그렇기 때문에 처음에는 남편이 서툴더라도 직접 하면서 배울 수 있도록 남편에게 기회를 계속 주어야 한다. 가사도 육아일도 회사 일과 마찬가지로 일의 한 종류일 뿐이다. 불편하고 힘들었던 일도 시간이 지나면 익숙해지고, 익숙해지면 편해지는 것이 모든 일의 기본 원리이다.

우리 부부의 경우 가사와 육아의 역할 영역이 명확하다. 처음에는 가사 분담 때문에 많이 다퉜지만 꾸준한 대화를 통해 각자의 장점을 발휘할 수 있는 고유의 역할도 만들었다. 남편은 깔끔한 성격이 장점이라 청소를 전담하고, 나는 일하는 속도가 빨라 설거지를 전담한다.

육아도 마찬가지이다. 나는 아이들을 재우거나 밥 먹이는 역할을 하고, 목욕과 양치는 남편의 역할이다. 주말 중 토요일 하루는 남편이 외출하고, 일요일 하루는 내가 외출하는 날로 정해 교대로 독박육아를 한다.

기혼 여성 중에 80퍼센트가 워킹맘인 덴마크의 경우 워킹맘들이 불행하지 않는 이유가 남편과의 가사 분담 때문이라고 한다. 실제로 직장에 다니면서 가사를 분담하는 부부의 금슬이 더 좋고, 아빠의 양육 참여도가 높을수록 아이의 자아존중감도 높아진다는 연구 결과도 있다.

워킹맘으로 산다는 것은 단기전이 아니라 장기전이다. 그렇기 때문에 혼자서 모든 짐을 다 짊어지고 가면 가족도 나도 결코 행복해질 수 없다. 장기전에서 모두가 행복해지기 위해서라도 반드시 남편과 가사를 철저히 분담할 수 있도록 해야 한다.

워킹맘의 꿈을 지원하는 남편으로 만드는 법

"자기야, 나 몇 년 안에 이런 걸 해보고 싶은데 어떻게 생각해?"

나는 꿈이 참 많은 사람이다. 그리고 꿈을 이야기할 때에 에너지를 받는 사람이다. 그래서 나는 매일 꾸는 꿈을 가장 가까운 남편에게 자주 이야기한다. 예전에는 왜 그리 꿈이 많냐며 현실성이 떨어진다고 타박하던 남편이 어느 순간 변했다. 이제는 남편이 먼저 나에게 가끔씩 나의 꿈을 이야기하기도 한다.

"당신, 이런 사업 해보고 싶다고 하지 않았어? 나중에 이렇게 해보면 어때? 그땐 내가 도와줄게."

어느새 나의 꿈이 남편의 꿈이 되어 있었고, 서로의 꿈을 지원해 주는 사람이 되어 있었다. 사실 내가 출산하고도 휴학 없이 대학원을 무사히 졸업할 수 있었던 것도, 어린아이 둘을 키우며 사업을 지속할 수 있는 것도 나의 꿈을 확실히 알고 있는 남편의 전폭적인 지원 때문이다.

이렇게 남편이 내 꿈의 서포터즈가 된 이유는 뭘까? 남편에게 평소 내가 어떤 사람이고, 어떤 꿈을 가지고 있는지 귀에 못이 박히도록 말하고 나의 직업적 특성을 살려 조금씩 훈련한 덕분이다.

보통은 말하지 않아도 상대방이 알아주길 바라지만 말하지 않아도 알 수 있는 것은 신밖에 없다. 그렇기 때문에 워킹맘은 남편에게 미안함과 죄책감이 아닌 자신의 꿈을 당당하게 이야기해야 한다. "더 멀리 가려면 함께 가라"는 말이 있듯이 워킹맘으로 장기전에서 살아남기 위해서는 가장 가까운 남편과 함께 가야 한다.

실제로 리더의 자리에 오른 여성들을 보면 아내 옆에서 전적으로 지지해주는 남편이 반드시 있다. 보통은 기혼 여성이 사회에서 성공하기 힘들 거라고 생각하지만 오히려 그 반대이다. 실제 포춘 (Fortune)이 선정한 500대 기업의 CEO로 활동하는 여성 대다수가 기혼자이고, 이들 모두 "남편의 도움이 없었다면 지금의 위치에 이르지 못했을 것이다"라고 말한다.

예전에는 성공한 남편 뒤에 훌륭한 아내가 있었다면 지금은 성공한 아내 옆에는 훌륭한 남편이 있다는 것을 기억해야 한다. 남편의 뒤에서 박수만 치는 희생하는 아내가 아니라 남편과 아내가 함께 서로를 위해 박수를 쳐주어야 한다.

　헤르만 헤세의 《데미안》에는 "태어나려는 자는 하나의 세계를 깨뜨려야 한다"라는 말이 나온다. 당당한 워킹맘으로 다시 시작하기 위해서는 나의 세계와 나 자신을 둘러싸고 있는 부부의 세계부터 깨뜨려야 한다.

　나에게 먼저 이런 질문을 해보자.

　'혹시 나는 주변 사람들을 만족시키기 위해 봉사만 해야 한다는 착한 여자 콤플렉스를 가지고 있지 않은가?'

　'혹시 나는 모든 일을 완벽하게 하려는 슈퍼우먼 콤플렉스를 가지고 있지 않은가?'

　그렇다면 콤플렉스로 가득 차 있는 나의 세계부터 깨야 한다. 그 다음에는 부부가 함께 서로에게 질문해봐야 한다.

　'혹시 우리 부부는 가사를 공평하게 분담하고 있는가?'

　'우리 부부는 각자의 일과 꿈을 지원해주고 있는가?'

　부부는 일심동체라는 말이 있다. 결혼이 미친 짓이 아니라 美친 짓이 되기 위해서는 부부가 한마음, 한뜻이 되어 꽃길뿐만 아니라 꿈길도 함께 만들어나가야 한다. 꽃길과 꿈길로 이루어진 부부의 세계는 어쩌면 가장 아름다운 세계가 될 것이다.

워킹맘표 육아 원칙은
달라야 한다

하이힐을 신고 헐레벌떡 달려갔건만

"다른 엄마들은 항상 아이와 같이 있는데 나는 그렇지 못하니깐 늘 미안해요."

워킹맘들과 이야기를 나누다 보면 한 가지 공통점이 있다. 일하느라 아이를 제대로 돌보지 못하는 것 같다는 죄책감이 그것이다. 이상하게 워킹맘들은 아이에게 늘 미안하다. 아이가 아파도, 아이의 성격이 삐뚤어져도, 아이의 성적이 떨어져도 모든 것이 다 내 탓인 것만 같다.

그렇게 워킹맘들은 무거운 죄책감을 가슴에 끌어안고 아슬아슬 자신의 경력을 힘겹게 이어나간다. 마치 회사에서는 왕따, 집에서는 나쁜 엄마가 된 것 같다. 열심히 일하는 아빠는 나쁜 아빠가 되지 않지만, 이상하게 열심히 일하는 엄마는 나쁜 엄마가 되어버린다.

아이 둘을 키우고 있는 워킹맘으로 살면서 한동안 나 역시도 아이들에게 좋은 엄마가 아닌 것 같은 죄책감에 사로잡혀 있었다. 한 번은 어린이집 하원 시간에 맞춰 첫째 아이를 데리러 가야 하는데 일 때문에 조금 늦은 적이 있었다.

하이힐을 신고 발이 아프다는 생각도 하지 못할 정도로 헐레벌떡 뛰어간 어린이집 입구에서 울컥하는 마음이 들었다. 커다란 신발장에 아이의 조그마한 신발 한 켤레만 덩그러니 놓여 있는 것을 보고만 것이다. 게다가 아이가 날 보자마자 내 품에 달려들어 한참 동안 울어 버리자 가슴이 무너져 내리기 시작했다.

'나의 일 욕심 때문에 혹시나 아이한테 큰 죄를 짓고 있는 것이 아닐까?'

하지만 스멀스멀 기어나오는 엄마의 죄책감은 가슴속에서 꺼내서 저 멀리 던져 버려야만 했다.

엄마의 죄책감을 벗어던져라

사실 죄책감이란 감정은 워킹맘에게 너무나도 익숙한 감정이다. 이런 죄책감이란 짐을 지고 살아가는 것 자체가 워킹맘의 삶에 있어 엄청난 타격을 주고, 삶도 무겁게 만든다.

실제로 죄책감을 가지고 사는 엄마들은 남편과의 갈등도 커질 수밖에 없다. 이로 인해 스트레스가 많아지고, 이는 결국 아이에게도 고스란히 전달된다.

'죄책감의 원인이 무엇일까? 정말 나의 잘못일까?'

이런 질문들을 한번 던져보자. 곰곰이 생각해보면 워킹맘이 일을 선택했던 이유는 분명히 있다. 그 당시에 내가 일을 하고 싶었거나, 일할 수밖에 없는 상황이었거나, 그럴 만한 이유가 반드시 있었기 때문에 그때 내 감정에 충실했을 뿐이다.

어쩌면 죄책감이라는 감정은 잘못된 나의 믿음에서 비롯될 가능성이 크다. 그리고 미래로 한 발씩 나아가려는 내 발목을 붙잡고 과거 속에 나를 살게 만들 뿐이다. 어쩌면 죄책감보다 더 중요한 것은 나라는 존재로 앞으로 어떻게 살아나가야 할 것인지 미래에 대한 고민이다. 다음 단계로 나아가기 위해서는 '부족한 엄마'라는 죄책감을 조금씩 덜어내는 것이 중요하다.

"육아는 끝이 없다"라는 말이 있다. 아이에게 가장 중요한 시기라는 세 살을 잘 넘기면, 엄마의 손을 가장 많이 필요로 하는 초등학교 1학년이 오고, 그다음은 온 가족이 힘들어 하는 사춘기가 오고, 그 이후에도 엄마 노릇을 계속해야 한다고들 한다. 온전한 나로 살 수 있는 날까지 기다린다면 어쩌면 내 인생 자체가 영영 없을 수도 있다.

사람들은 나에게 종종 이런 말들을 귀에 못이 박히도록 한다.

"아이들이 너무 어려. 아이 키우는 것도 다 때가 있는 법이야. 아이들한테 우선은 집중해야 하지 않아?"

"아이들은 엄마와 애착 관계를 형성하는 게 무척 중요해. 그 시기를 놓치지 않아야 해."

도대체 그 '때'와 '시기'라는 것은 누가 정하는 것일까. 아이 키우는 일에 때와 시기가 있다면 엄마가 일하는 것에도 다 때와 시기가 있는 것이 아닐까.

물론 인생의 우선순위는 아이들이다. 하지만 내가 하고 있는 일도 포기할 수 없는 소중한 것이다. 나는 일을 하면서 살아 있음을 느끼는 사람이기 때문이다. 일을 하지 않는 내가 행복하지 않은데 행복하지 않은 엄마와 24시간 내내 붙어 있다 한들 아이들도 결코 행복하게 자라기 어렵다.

워킹맘들을 가장 불편하게 만드는 "아이가 세 살이 될 때까지 반드시 엄마가 키워야 한다"는 '3세 신화'도 최근에는 근거가 없는 것으로 밝혀지기도 했다. 10년 이상 '3세 신화' 관련 연구를 해온 발달심리학자인 스가하라 마스미 교수의 연구 결과에 의하면, 오히려 엄마의 마음 건강과 부부 관계, 보육의 질이 아이 발달에 더 큰 영향을 주는 것으로 나타났다.

워킹맘으로 리스타트하기 위해서는 많은 시간을 아이와 함께 보내야만 한다는 죄책감부터 벗어나야만 한다. 나 스스로 내 선택을 증명하는 삶을 살면 되고, 시간이 지나면 자연스럽게 자신의 선택이 옳았다는 것을 알게 될 것이다.

나만의 육아 원칙을 만들어라

나 자신이 워킹맘으로 다시 살아나갈 수 있기 위해서는 엄마가 좀 더 단단해져야 한다. 그러기 위해서는 나만의 육아 원칙을 만들어 조금씩 실천해보는 것이 중요하다. 나는 세 가지 육아 원칙을 가지고 있다.

아이와의 시간에 철저히 '선택'과 '집중'을 하라

"애들이 모를 것 같지? 근데 다 알아. 자기한테 온전히 집중해서 놀아주고 있구나, 다른 생각하고 있구나, 나를 좋아하고 있구나, 나를 싫어하고 있구나. 이런 거 다 알아."

과거 일에 치여 아이들을 보면서도 일을 핑계로 스마트폰 화면만 보고 있는 나에게 유아교육 전문가인 친구가 이렇게 따끔한 조언을 해주었다.

사실 그 당시에 일에 치여 있던 나는 온전히 아이들한테 집중해서 놀아주고, 같이 웃어본 게 언제였는지 기억조차 잘 나지 않았다. 아이들과 함께 있으면서도 뭔가에 쫓기는 듯 항상 머릿속은 일 걱정을 하고 있었다. 그러다 보니 이도저도 아닌 상황들이 발생했다.

그 이후로 나는 아이들과 현명하게 시간을 보내는 방법을 찾기로 결심했다. '양보다 질'이라는 말이 있듯이 절대적인 시간에 집착하지 않고 아이들과 함께 있는 시간에는 한 시간 만이라도 무조건 아이들한테 집중하기 시작했다. 그 시간 동안 일에 대한 생각 스위치를 꺼 버리자 아이들의 웃음이 더 많아졌다. 아이들의 웃음으로 인해 오히려 내가 더 많이 웃게 되었고 일의 효율 또한 높아지고 행복해졌다.

엄마의 일에 대해 이해시키고 신뢰를 주어라

한 번은 첫째 아이가 어린이집에 안 가려고 한참을 울고불고 매달린 적이 있었다. 처음에는 우는 아이를 선생님한테 맡기고 부랴부랴 도망치듯이 나오기도 했다. 일과 육아 사이에서 고민하는 나에게 유아교육 전문가인 친구는 또 이런 조언을 해주었다.

"말을 못 해서 말이 안 통할 것 같지? 그런데 아니야. 말 못 하는 아이에게도 엄마가 차근차근 충분히 설명을 하게 되면 반드시 아이들은 알아들어."

그 뒤부터 어린이집 앞에 앉아 차근차근 내 일에 대한 상황을 설명하기 시작했다. 돌아오는 시간도 명확하게 말을 해주었다.

"엄마가 돈을 벌어야지 맛있는 젤리도 사줄 수 있어. 그래서 지금 엄마는 일하러 가야 해. 어린이집에서 잘 놀고 있으면 엄마가 4시에 꼭 데리러 올게."

처음에는 말도 안 통하는 아이한테 구체적으로 설명하는 것이 너무 어려웠지만 그렇게 몇 번을 반복하니 아이도 정말 알아듣는 듯했다. 어느 순간부터 스스로 책가방을 메고 "엄마, 돈 잘 벌고 와"라는 인사말을 먼저 건네기도 했다. 지금은 아빠에게는 "회사 잘 다녀와"라는 말을 하지만 나에게는 보름달처럼 환한 웃음을 지으며 "엄마 돈 많이 많이 벌어야 해"라는 무언의 압박을 주기까지 한다. 유아교육 전문가인 친구 말처럼 아이들은 신기할 정도로 말을 알아듣는다.

보통 엄마들이 많이 하는 실수가 아이가 잘 때 몰래 출근하는 것이라고 한다. 이것은 아이의 불안감을 커지게 하고, 엄마에 대한 신뢰감을 깨뜨린다. 워킹맘은 반드시 아이에게 일하는 상황을 잘 설명하고 정해진 시간에 볼 수 있다는 생각을 갖게 만드는 것이 중요하다. 기회가 된다면 엄마가 일하고 있는 직장에 아이를 데리고 가는 것도 좋은 방법이다. 이런 패턴들이 반복되면 아이는 엄마에 대한 믿음이 커지고 정서적인 안정감이 생기게 된다.

아이에게는 칭찬을, 나에게는 셀프 칭찬을 하라

나는 집안일에 아이를 잘 동참시킨다. 집안일을 함께하면 아이에 대한 칭찬거리가 자연스럽게 생긴다. 칭찬을 많이 해주면 해줄수록 아이도 집안일에 더 잘 동참하고 더 기뻐한다. 그에 반해 일하는 내 친구는 미안한 마음에 아이에게 무조건 비싼 장난감을 사준다고 한다. 하지만 항상 미안한 마음만 가진 채 물질적 보상만 하는 것보다 오히려 "너무 잘하네. 최고야, 고마워" 같은 칭찬의 말이 자라나는 아이에게 더 중요할 수 있다.

엄마가 열정적으로 일하는 모습은 분명히 아이에게 긍정적인 영향을 미친다. 오랫동안 워킹맘으로 살고 있는 엄마들과 이야기를 나누다 보면 하나같이 "회사 다니며 버티길 잘했다"라고 입을 모은다. 아이들이 어렸을 때 힘든 순간도 있었지만 조금만 크게 되면 아이들이 오히려 일하는 엄마를 자랑스러워한다고들 말한다. 뿐만 아니라 워킹맘의 아이들은 다른 아이들보다 더 자립심을 가지고 있다고 한다.

이처럼 워킹맘은 아이에게 '부족한 엄마'라는 생각을 가지기보다 매일 밤 잠들기 전에 '대단한 엄마'라는 생각을 갖고 나는 잘하고 있다고 스스로에게 셀프 칭찬부터 해줘야 한다.

타임 푸어의 저주에서
하루 빨리 벗어나라

워킹맘, 워라밸을 위한 시간 관리법을 만들자

육아와 일을 동시에 하는 워킹맘인 나는 노래 가사처럼 정말 24시간이 모자란다. 아침에 눈을 뜨자마자 애 둘을 준비시켜 어린이집에 등원시키면 곧바로 일하러 달려가야 한다. 어느새 애들을 하원시켜야 할 시간이 다가오고 집에 돌아와서는 전쟁터가 따로 없다. 남편이 퇴근하면 저녁 식사 준비에, 저녁 먹고 나면 또 설거지거리는 잔뜩 쌓인다.

애들과 놀아주고 재우고 나면 벌써 나도 잠에 들 시간이다. 하지만 새벽에 어김없이 둘째의 칭얼거리는 소리가 들리고 몸은 자동적으로 분유를 타고 젖병을 물린 채로 아기 옆에서 쪽잠이 든다. 24시간 동안 엄마, 아내, 사업가로서의 1인 3역을 다 하고 나면 나의 배터리는 거의 방전 모드이다.

워킹맘이 된 후로 "하루가 48시간이면 좋겠어"라는 말을 입에 달고 산다. 빛의 속도로 지나가는 하루 24시간 중에 나만을 위해 쓸 수 있는 시간은 누려서는 안 될 사치임을 깨닫게 된다. 어느 순간 돈으로 비싼 명품 가방을 사는 것보다 커피 한 잔의 여유가 더 사치가 되어버린 것이다.

'타임푸어(time-poor)'라는 말이 있다. 시간을 뜻하는 타임(time)과 가난함을 뜻하는 '푸어(poor)'가 합쳐진 신조어로 일에 쫓겨 자신을 위한 자유 시간이 없는 사람을 뜻한다. 실제로 많은 워킹맘들이 가장 극심한 타임푸어에 속한다고 한다.

대표적인 긍정심리학자인 미하이 칙센트미하이(Mihaly Csikszentmihalyi)는 "행복하려면 우리에게 주어진 매 순간 충분히 몰입하는 경험이 중요하다"고 주장했다. 하지만 타임푸어가 되면 그 시간에 충분히 몰입할 수 없는 것이 당연하다. 이것이 결국 워킹맘을 불행하게 만든다.

그뿐만이 아니다. 어떤 연구 결과에 의하면, 사람이 시간에 쫓기게 되면 뇌가 망가져 기억력과 인지력도 떨어지고, 결국은 폭력적인 행동까지 하게 된다고 한다.

어쩌면 가장 최악의 인생은 돈이 없는 인생이 아닌 '시간 빈곤자'가 되는 것이 아닐까. 그렇기 때문에 내가 건강하고 행복해지기 위해서라도 워킹맘은 반드시 시간 관리 전문가가 되어야 한다.

24시간을 다르게 쓰려면 시간부터 분석하라

나는 사업 시작과 동시에 대학원에 입학했다. 그리고 얼마 지나지 않아 결혼을 했고, 첫째를 출산했다. 그 후 첫 책을 출판했고, 대학원은 휴학 없이 논문까지 쓰고 졸업했다. 그리고 둘째를 출산했고, 지금도 여전히 친정 도움 없이 육아와 동시에 사업을 지속하고 있다. 이렇게 누구에게나 공평하게 주어지는 24시간이지만 충분히 시간을 다르게 쓸 수 있다.

나의 시간 관리법의 첫 번째 단계는 내가 시간을 현재 어떻게 쓰고 있는지 분석해보는 것이다. 현대경영학을 창시했다고 평가받는 경영학자 피터 드러커(Peter Drucker)는 "측정할 수 없으면 관리할 수 없다. 관리할 수 없으면 개선할 수 없다"라는 말을 했다.

돈을 관리하기 위해서는 가계부를 써야 하고, 체중을 관리하기 위해 체중계로 몸무게를 매일 확인해야 한다. 마찬가지로 눈에 보이지 않는 시간을 관리하기 위해는 하루 일과가 눈에 보일 수 있는 시간표가 반드시 필요하다.

시간표를 보면서 왜 엄마의 삶이 그렇게 바쁜지, 왜 시간이 항상 부족한지 철저히 분석해보고 숨어 있는 시간을 찾아내야 한다. 기록한 것을 내 두 눈으로 보면 의외로 이동시간, SNS 하는 시간 등 자투리 시간이 많다는 사실을 발견하게 된다.

그다음에는 내 일과를 중요도와 시급도에 따라 분류해보고 시간관리 매트릭스를 그려보는 것이다. 워킹맘은 정말 할 일이 많다. 하지만 무작정 닥치는 대로 일을 하기보다는 먼저 우선순위에 따라 순서를 정해야 한다. 제대로 된 시간 관리를 하려면 엄마의 현재뿐만 아니라 미래에도 도움이 되는 정말 중요한 것을 먼저 해야 한다. 시간 관리 매트릭스를 통해 현재 내 시간을 정말 중요한 일에 쓰고 있는지 한번 살펴보자.

3E, 워킹맘의 24시간을 다르게 쓰는 방법

나는 시간을 관리할 때 나만의 3E 방법을 쓴다. 여기서 3E란 몰입(engagement)하고, 제거(eliminate)하고, 위임(entrust)하는 것이다.

몰입하기

여성의 장점으로 멀티태스킹 능력을 많이 꼽는 경우가 많지만 본래 사람은 컴퓨터와 다르게 멀티태스킹 자체가 불가능하다. 하지만 워킹맘은 회사에서 일을 하면서 불가피하게 아이 병원 걱정, 숙제 걱정, 저녁 장보기 등의 가사를 동시에 처리해야 하는 상황이 간혹 발생한다.

워킹맘이 힘든 이유는 무엇일까? 육아와 일 그 어느 쪽에도 제대로 집중하지 못하기 때문이다. 한 가지 일을 하면서 다른 일을 동시에 생각하면 시간이 오염되고, 이는 곧 스트레스가 되어 고스란히 나에게 부메랑처럼 되돌아온다.

그렇기 때문에 의식적으로라도 워킹맘은 '지금, 바로, 여기'를 생각해야 한다. 전기 스위치를 켜고 끄듯이 직장과 가정에서 생각 스위치를 잘 작동시켜야 한다. 직장에서 일할 때는 의식적으로 일 스위치 버튼만 켜고 저녁 식사 걱정, 아이들 걱정은 하지 않아야 한다.

제거하기

스티브 잡스(Steve Jobs)는 왜 똑같은 옷 스타일만 고집했을까. 스티브 잡스는 옷을 고르는 시간이 의외로 시간의 많은 부분을 차지하고 있다는 걸 알았기 때문이다. 옷 고르는 시간을 제거하고 그 시간에 더 중요한 일을 한 것이다. 마찬가지로 워킹맘이 시간을 잘 쓰려면 반드시 제거해야 할 것들을 찾을 필요가 있다.

나의 경우는 최대한 미니멀 라이프(minimal life)의 삶을 살려고 노력한다. 물건을 정리할 시간 자체가 부족하기 때문에 새로운 물건은 최대한 사지 않는다. 만약 샀다면 기존에 있는 물건들은 아까워하지 않고 쓰레기통으로 던져버린다.

이렇듯 제거해야 할 것들을 한번 찾아보자. 나의 소중한 시간을 잡아먹는 것들이 의외로 너무 많다는 것을 발견하게 될 것이다.

위임하기

엄마들이 힘든 이유 중의 하나는 가사와 육아 등 많은 역할들을 완벽하게 하려고 하는 슈퍼우먼 콤플렉스 때문이다. 정말 슈퍼우먼이 아닌 이상은 여러 역할들을 완전히 완벽하게 한다는 건 거의 불가능하다는 사실을 깨달아야 한다.

직장에서 일 잘하는 리더들은 일의 중요도에 따라 직원들에게 위임을 하고 본인은 가장 중요한 일에 집중한다. 워킹맘도 리더의 일 습관을 배워야 한다. 굳이 내가 하지 않아도 될 일을 꼭 부여잡고 있을 게 아니라 과감하게 남편, 아이, 기계 할 것 없이 최대한 아웃소싱해야 한다. 가정도 기업처럼 자동적으로 움직일 수 있는 시스템을 구축해야 한다.

보통 육아는 '템빨'이라는 말들을 한다. 육아에 필요한 다양한 아이템들을 통해 엄마의 시간과 노력을 줄일 수 있는 것이 바로 템빨이다. 이와 비슷하게 워킹맘의 시간을 절약할 수 있는 아이템들은 너무나 많다.

나는 돈보다 소중한 시간을 관리하기 위해 기회비용과 매몰비용을 무조건 따진다. 기회비용은 내가 어떤 선택을 하면서 포기한 것의 비용이라면 매몰비용은 어떤 선택을 하면서 실제 지불한 비용, 즉 다시 회수할 수 없는 비용을 말한다. '내가 이 일을 포기하면서 얻는 효과는 무엇인가?' 혹은 '내가 이 일을 하면서 지불해야 하는 비용은 얼마인가?'라는 질문을 하면서 한정된 시간에서 최대의 효과를 주는 일을 선택한다.

예를 들면, 바닥 청소의 경우 다른 사람이 하더라도 내가 한 것과 거의 동일한 효과를 내기 때문에 로봇 청소기한테 바닥 청소를 위임한다. 바닥 청소를 하는 데 투입되는 시간에 내가 다른 일을 하게 되면 나한테 더 큰 수익을 가져오기 때문이다. 덕분에 나의 자투리 시간은 늘어났고, 난 그 시간에 더 중요한 일을 할 수 있다.

워킹맘으로 리스타트하기 위해서는 돈보다 중요한 시간을 반드시 관리해야 한다. 몰입, 제거, 위임할 수 있는 나만의 방법들을 찾아보자. 없다고 생각하면 없고, 있다고 생각하면 있는 것이 바로 시간이다. 내가 먼저 시간을 통제할 수 있어야 내 인생도 그리고 내 가족의 삶도 달라질 수 있다.

3장

—

엄마라서 더 유리하다: 창업에 성공하는 법

WORKING MOM

대한민국에서
여성 CEO가 된다는 것

엄마 CEO의 리얼 스토리

"예나 엄마는 사업하시는군요. 너무 부러워요. 회사 대표면 출퇴근도 자유롭고, 아이 등하원시키기도 너무 편하겠어요."

얼마 전 어린이집 엄마들 모임에서 엄마들이 부러운 듯 나에게 이런 말을 건넸다. 하지만 사람들이 생각하는 것처럼 육아와 일을 병행하며 여성 CEO로 사는 것은 자유롭지도 편하지도 않다.

특히 나 같은 경우에는 이동시간을 줄이기 위해 강의를 제외하고 거의 대부분 재택근무를 하고 있다. 그렇기 때문에 아이들이 어린이집에 있는 시간과 아이들이 잠든 시간이 내가 온전히 업무에 집중할 수 있는 시간이다. 최대한 짧은 시간에 일을 해내야 하기 때문에 오히려 직장을 다니는 것보다 더 많은 에너지를 필요로 한다.

게다가 애들을 보는 것보다 차라리 회사로 출퇴근을 하는 게 백만 배 편하다는 워킹맘들의 이야기가 가슴 깊이 와닿는 순간들이 많다. 심지어는 이런 일들도 있었다. 고객사에 보낼 중요한 문서 작업을 하고 있는 와중에 아이들이 노트북에 손을 대는 바람에 눈 깜짝할 새 문서를 날려 버려 피눈물을 흘리기도 했다. 아이들의 눈에는 내가 일을 하는 업무용 노트북이 최고로 비싼 장난감으로 보였던 것이다. 고객과 통화할 때는 또 어떤가. 아이들의 소리가 안 들리게 아이들의 대통령인 뽀로로 영상을 틀어놓고 통화를 시도하더라도 아이 둘 중 한 명이 꼭 어딘가 부딪혀 자지러지는 울음소리에 고객이 당황스러워하기도 했다.

여성 CEO에 대한 환상을 깨라

"사업은 정말 미친 짓이야. 친정 엄마 손을 빌리지 않고 혼자 아이 둘을 키우면서 사업을 하다 보니 몸이 열 개라도 모자랄 지경이야. 그렇다고 어디 남편이 집안일을 도와주기라도 하니? 기존에 하고 있던 일에 새로운 일이 더 추가가 된 것 같은 기분이 들어."

사업을 하고 있는 친구는 얼마 전 나에게 전화를 걸어 한 회사의 대표이자 워킹맘으로서의 고충을 털어놓았다. 그녀는 파리 유학까지 다녀온 실력파로 아이 둘을 낳고 난 뒤 경력 단절을 경험했지만 예전 경력을 살려 자신의 이름을 건 사업을 시작했다.

사업 시작 후 몇 년 동안은 거의 하루에 네 시간 정도만 자면서 일을 했던 친구는 어느 정도 사업이 안정적인 궤도에 오른 듯했다.

사업 규모도 커져 얼마 전 직원들을 두 명이나 채용했는데 하필이면 전혀 예상치 못한 코로나 사태로 인해 직원들 월급 챙겨주기도 너무 버거운 상황에 마음고생이 이만저만이 아니라고 했다.

"직장 생활을 할 때와 다르게 사업은 하루에도 몇 번씩 천당과 지옥을 오가는 것 같아. 직장 생활을 할 때는 회사의 대표가 갑인 줄 알았어. 그런데 막상 대표가 되니 갑을병정 중에 정이 되어야 하는 순간들도 있는 거 있지? 그럴 때마다 내가 뭐 때문에 이렇게 힘들게 살고 있는 것일까 하는 생각이 들어."

친구 말처럼 정말 사업을 하다 보면 인생의 극과 극을 오가는 날이 비일비재하다. 오죽하면 사업가로 사는 것은 롤러코스터를 타는 것과 같다는 말이 있겠는가. 하물며 여성 CEO로서 육아라는 일까지 더해지면 롤러코스터의 낙하 속도는 더 빨라지기까지 한다.

나의 경우에는 1인 기업가이기 때문에 출산과 육아로 인해 내가 일을 멈추면 곧 사업 자체가 멈추는 것과 같다. 그래서 만삭일 때도 숨을 헐떡이며 강의를 할 수밖에 없었고, 출산 후 바로 다음 날조차 링거를 낀 손목으로 노트북 앞에 앉아 사무 업무를 보기까지 했다. 일하느라 산후조리를 제대로 못해서인지 지금도 손목과 허리가 시리다.

이처럼 엄마가 된 후에 대한민국에서 여성 CEO로 산다는 것은 절대로 환상적이지 않다. 예상치 못한 좌절과 상처를 겪기도 하고, 정말 외롭고 힘들 때가 많다.

"현모양처로 살면 참 좋을 텐데. 우리 둘 다 그런 팔자는 아니야.

죽어라 일과 육아를 병행하며 아등바등 살아가는 게 너무나 안타까워. 그럼에도 불구하고 우리 하고 싶은 거 하며 살아야 하지 않겠니?"

결국 사람은 먼 훗날 했던 일이 아니라 하지 못했던 일을 가장 후회한다고 한다. 하고 싶은 것을 하지 못해서 매일 고통스러운 것보다 하고 싶은 것을 하며 때로는 고통스럽지만 환상적인 길을 걷는 게 어쩌면 훨씬 더 나을 수도 있다.

엄마이기 때문에 더 잘할 수 있다는 믿음을 가져라!

"사업이 그리 쉽나? CEO는 아무나 하나?"

대부분의 사람들은 이렇게 말한다. 사람들 말처럼 사업은 정말 쉽지 않은 일이다. 물론 CEO도 아무나 하지 못한다. 하지만 나는 '엄마이기 때문에 충분히 회사를 잘 경영하는 CEO가 될 수 있다'고 생각한다. 잘 생각해보면 이미 엄마라는 사람은 한 가정을 경영하고 있는 여성 CEO가 아니던가.

회사 경영을 할 때도 직원, 고객, 재무 등의 수많은 관리가 필요하듯이 이 세상의 엄마들은 못하는 일이 없다. 가정이 잘 유지되도록 말도 안 통하는 아이 챙기랴, 밤낮으로 남편 챙기랴, 사람 관리를 쉬지 않고 한다.

명절 때는 시댁, 친정 할 것 없이 명절 선물을 준비하며 항상 고객 관리에도 힘쓴다. 어디 그 뿐인가. 남편 혼자 버는 월급을 쪼개쓰며 그 어려운 투자까지 하면서 위기관리, 자금 관리도 거뜬히 해내는 것이 바로 엄마라는 사람이다.

어쩌면 오랫동안 엄마로 살면서 직장 경력은 단절되었을지 몰라도 사업을 하기 위한 예행연습은 충분히 했을 수 있다. 그렇기 때문에 엄마들은 엄마이기 때문에 사업을 하지 못하는 것이 아니라 엄마이기 때문에 여성 CEO로서 성공할 수밖에 없다.

이런 자신에 대한 단단한 믿음이 있어야 대한민국 여성 CEO로 한 걸음 내디딜 수 있다. 그리고 그런 자신에 대한 믿음이 뒷받침되어야 사업을 시작해도 흔들리지 않고 그 길을 꿋꿋이 걸어갈 수 있다. 자기 자신을 믿는 것이 곧 사업의 시작이자 결과가 된다.

인생에 '언젠가'라는 단어는 없다

오랫동안 전업주부로만 살다가 예전부터 꿈꾸었던 사업을 하고 싶다는 생각이 어느 순간부터 들기 시작했는가? 그렇다면 지금이 바로 그 사업을 시작할 때이다. 하지만 인생에서 큰 변화를 시도한다는 것이 쉽지만은 않다. 누구나 새로운 것을 시작하려고 하면 두려움을 가지기 마련이다. 하물며 나의 이름을 건 사업을 시작할 때는 더욱 그렇다.

'여자이기 때문에, 엄마이기 때문에 혹시 차별을 받지 않을까?', '과연 내가 잘할 수 있을까?' 하는 걱정들만 자꾸 커진다. 그러다 보니 '아직 나는 준비가 안 됐어. 완벽하게 더 준비한 다음에 언젠가 내 사업을 하고 말 거야'라는 부정적인 생각을 먼저 하게 된다. 하지만 우리의 인생에서 언젠가는 없다는 것을 반드시 기억해야 한다.

내가 좋아하는 할리데이비슨 광고에 이런 문구가 나온다.

"I'll do it someday."

Monday, Tuesday, Wednesday, Thursday, Friday, Saturday, Sunday. See? There is no Someday. It's time to ride.

("언젠가는 할 거야." 월요일, 화요일, 수요일, 목요일, 금요일, 토요일, 일요일. 보입니까? 언젠가는 없습니다. 지금이 바로 타야 할 때입니다.)

이처럼 실제로 달력을 보면 요일만 있을 뿐, 언젠가라는 단어는 없다. 내가 사업을 해야겠다는 마음을 먹었다면 언젠가가 아닌 '지금 당장' 시작해야 한다. 물론 사업을 시작하기 위해서는 사전에 많은 공부와 준비가 필요하지만 너무 오랫동안 준비만 하느라 적절한 타이밍을 놓쳐서는 안 된다.

무엇이든지 완벽히 준비된 때는 없고, 설사 준비가 되어 있다고 생각해도 '절대 완벽한 준비'라는 것은 없다. 특히, 요즘같이 급변하고 있는 시대에서는 더욱더 그렇다. 스스로 완벽하게 준비가 되었다고 생각해서 사업을 시작하더라도 이미 세상은 많이 변해 있어 또다시 새로 준비해야 할 상황이 생길 수 있다.

일단 대한민국의 여성 CEO가 되기로 마음먹었다면 망설이지 말고 먼저 저질러보자. 그다음에는 시행착오를 겪으면서 배워나가면 된다. 어쩌면 인생은 타이밍이 항상 중요할 수도 있다.

엄마로서의
창업 아이템을 찾아라

엄마가 된다는 건 내 인생의 터닝 포인트

"그동안 뭐 하며 살았을까? 할 줄 아는 게 육아뿐인 것 같아."

오랜 시간 아이를 키우며 살림만 하느라 할 줄 아는 게 육아밖에 없다는 생각을 하는 엄마들을 종종 만나게 된다. 솔직히 말하면 과거의 나 역시도 그녀들과 마찬가지로 처음엔 이런 부정적인 생각을 하곤 했다.

나는 원래 기업 강의를 주로 했었다. 하지만 엄마가 된 후로 육아를 동시에 하며 내가 원래 했던 일인 강의를 제대로 할 수 없었다.

'엄마가 된 후로 내가 포기해야 하는 게 너무 많아. 이러다 정말 앞으로 강의조차도 못 하는 게 아닐까.'

내 머릿속은 이런 생각들로 가득 차 매일매일 불평불만이 가득한 일상이 계속되었다. 시간이 지나면 지날수록 나를 둘러싸고 있는 모든 것들이 부정적으로만 보였다. 그 당시 힘들어하는 나를 본 친구가 나에게 이런 말을 건넸다.

"지금이 어쩌면 네 인생의 터닝 포인트가 될 수 있지 않을까? 내가 볼 땐 네가 엄마가 되었으니 일하는 데 있어서도 장점이 더 많아질 것 같은데. 나중에 회사가 커지면 엄마의 마음으로 직원들 마음도 더 잘 헤아릴 수 있을 테고, 육아를 직접 경험하고 있으니 사업 아이템을 더 확장할 수도 있잖아. 지금 육아 관련 책을 써도 되고, 나중에 강의를 본격적으로 다시 시작하게 되면 기업뿐만 아니라 부모 대상으로 하는 교육도 할 수 있잖아. 그리고 일하는 엄마로서 다양한 경험을 했으니 원래 너의 꿈이었던 여성들을 위한 교육도 할 수 있는 새로운 기회가 생길 수 있잖아. 단점보다는 장점에 집중해봐."

엄마의 삶을 창업 시작의 디딤돌로 삼아라!

실제로 모두에게 똑같이 주어지는 시간이라는 것은 사람에 따라 상대적이다. 누군가에게는 최고의 시간이 될 수 있고, 누군가에게는 최악의 시간이 될 수 있다. 나에게 주어진 시간을 낭비로 볼 것인가, 투자로 볼 것인가 해석하는 것도 바로 나 자신이다.

친구의 말처럼 생각의 프레임을 바꾸니 엄마로서 임신, 출산, 육아를 하는 기간은 제대로 된 사업을 시작하기 위해 단단한 내공을 쌓는 기간이 될 수 있다는 생각이 들었다. 그렇게 마음을 고쳐먹으니 같은 시간이라도 다르게 쓰이기 시작했다.

무엇보다 나의 시간을 낭비하는 것이 아니라 투자하고 있는 것이라고 바꾸어 생각하니 나의 일상 자체가 소중해졌고, 내 일에 대한 관점도 변했다.

'그래, 내가 꼭 강의만 해야 하는 것은 아니잖아. 육아를 하면서 내 일을 유지할 수 있는 다른 방법은 없을까? 이번 기회에 재택근무가 가능한 교육 운영이나 마케팅에 집중해보자. 꼭 평일만 일하라는 법 있어? 주말에는 남편이 애들을 보고, 나는 주말에 내 일을 하면 되지 않을까? 이번 기회에 새로운 아이템도 찾아보고, 사업을 하는 데 있어서 내가 부족했던 것들을 한번 채워보자.'

어쩌면 지금 이 책도 내가 엄마로서 경험하지 못했더라면 한 글자도 써내려가지 못했을 것이다. 마찬가지로 각도를 다르게 보면 엄마라서 못하는 것이 아니라 엄마이기 때문에 할 수 있는 일들이 무궁무진하게 많을 수 있다.

엄마가 창업을 할 때도 마찬가지이다. 엄마로서의 삶은 창업을 시작하는 데 있어 '걸림돌'이 아니라 '디딤돌'이 될 수 있다. 엄마의 시간은 아무것도 하지 않으며 헛되이 보낸 시간들이 아니라 창업 아이템을 만들 수 있는 소중한 시간이 될 수 있는 것이다.

엄마의 장점을 살린 창업 아이템들

창업에는 꼭 필요한 것들이 있다. 그중 하나가 바로 '아이템'이다. 내가 아무리 영업을 잘하고, 경영을 잘한다 하더라도 우선 고객에게 팔 수 있는 아이템이 없다면 창업 자체를 시작할 수 없다.

창업 아이템은 고객에게 차별화된 가치를 제공할 수 있어야 한다. 보통 창업 아이템이라고 하면 뛰어난 아이디어를 먼저 떠올리는데 꼭 그렇지도 않다. 창업 아이템의 시작은 사람에 대해 먼저 아는 것에서 시작된다. 내 상품을 사용할 고객이 무엇을 원하는지, 무엇이 불편한지를 누구보다도 잘 알아야 하는 것이다.

오랫동안 주부로 살아왔기 때문에 주부의 마음을 잘 알고, 엄마로 살아왔기 때문에 엄마의 마음을 더 잘 알 수 있다. 이런 주부와 엄마의 경력과 경험을 살려서 고객이 공감할 수 있는 창업 아이템을 충분히 만들 수 있다.

주부로서의 생활 속 불편함을 해결하기 위해 단돈 60만 원으로 시작해서 홈쇼핑까지 진출한 창업 아이템이 있다. 바로 '드레스북'이다. 평범한 60대 주부였던 심봉옥 대표는 주말을 맞이하여 대청소를 결심하고 미루었던 옷장 정리를 하다 며칠 뒤 다시 옷장 정리를 해야 하는 불편함을 겪었다. 티가 나지 않는 옷장 정리를 책장 정리처럼 쉽게 할 수 있는 방법을 고민하다 드레스북이라는 창업 아이템을 만들었다.

'아트 플레이어'의 김나리 대표 역시 엄마가 되어 보니 아이들을 위해 안전한 소재의 단단한 그릇이 너무나 필요해서 창업하게 된 케이스이다. 어느 날 골드 컬러로 도금한 조명을 그릇에 접목해보면 어떨까 생각하다 탄생한 아이템이 실용성과 아름다움을 갖춘 아트 플레이어이다. 티타늄으로 만들어 안전하면서도 세련된 디자인으로 많은 엄마들에게 입소문이 나 있다.

이 외에도 식지 않는 유아 식판을 만들어 발명대회에서 수상까지 한 '베이비키스'의 이은희 대표, 아이 키우는 엄마로서 수납을 고민하다 종이 수납함인 페이퍼백을 만든 '그로우온유'의 김온유 대표 모두 엄마의 경험을 살려 사업 아이템을 발굴하고 경력 단절까지 극복한 엄마 창업자들이다.

혼자 창업 아이템을 선정하기가 부담스러운 경우에는 정부가 무료로 제공하는 대표적인 적성검사 사이트인 창업넷(www.k-startup.go.kr)에서 창업자의 역량을 자가 진단해보는 방법도 있다.

창업넷에서는 무료로 예비 창업자의 기업가정신과 창업을 위한 준비 정도를 점검하는 창업자 역량 진단뿐만 아니라 시장조사, 아이템 분석, 비즈니스 모델, 비즈니스 전략 등의 자가 진단 키트를 제공한다. 점수와 그래프로 진단 결과를 확인할 수 있고, 이에 따라 분석과 해결 방향을 확인할 수 있는 멘토링의 의견도 제공된다.

엄마이기 때문에 더 유리하다

보통은 아이를 낳게 되어 누군가의 아내와 엄마로만 살게 되면 경력 단절이 되었다고 생각한다. 하지만 어쩌면 이 시간들은 엄마로서의 장점을 발휘하여 창업 아이템을 만들 수 있는 내 인생의 소중한 기회의 시간이 될 수 있다. 경력 단절 기간이 아니라 창업가로서의 경력 전환을 꾀할 수 있는 인생의 터닝 포인트 기간이 될 수 있다.

전문가란 특정 영역에 정통한 전문적인 지식과 능력, 경험이 있는 사람을 말한다. 혹시 이 책을 읽고 있는 당신이 육아를 잘하는가? 그렇다면 당신은 육아 전문가이다. 살림을 잘하는가? 그렇다면 당신은 살림 전문가이다.

새로운 영역이 아니라 당신의 전문 영역인 살림과 육아에서 창업 아이디어를 충분히 발견할 수 있다. 엄마의 생활 자체가 곧 창업을 시작하기 위한 새로운 기회가 될 수 있는 것이다.

사람들은 우스갯소리로 결혼은 인생의 무덤이라고 이야기한다. 하지만 결혼이란 것은 여성 창업가로서의 인생에서는 무덤이 아닐 수도 있다. 엄마의 삶에서 창업 아이템을 발견하고 엄마의 경험을 살려 창업을 시도할 수 있는 일들은 정말로 무궁무진하다.

여성 창업가로서의 출발점은 엄마이기 때문에 불리한 것이 아니라 엄마이기 때문에 더 유리하다. 지금부터라도 엄마로서의 단점보다 장점에 더 집중하면 반짝이는 창업 아이템은 내 생각보다 훨씬 더 가까운 곳에 있을지도 모른다.

잡 크리에이터가 되어
'온리 원'을 꿈꿔라

시대가 변하면 직업도 변한다

몇 년 전 친구와 오랜만에 만나 커피 전문점을 간 적이 있다. 그 당시 친구가 자리에 가만히 앉아서 스마트폰으로 커피를 주문하고, 알람 소리를 듣고 주문한 커피를 가지러 가는 모습에 적지 않은 충격을 받았다.

"세상에, 언제부터 핸드폰으로 커피를 주문할 수 있었던 거야?"

"예전부터 가능했는데, 몰랐어? 강의 한다는 애가 이렇게 시대의 변화에 뒤떨어져서야 되겠니?"

지금은 어디를 가나 이런 풍경들이 너무나도 자연스럽다. 이제는 식당에 가서도 무인 시스템으로 주문과 결제를 하고 심지어는 로봇이 서빙까지 하는 시대가 왔다. 얼마 전에는 커피 전문점에서 로봇 바리스타가 만들어준 커피 맛을 본 적이 있다. 그 모습이 신기하기도 했지만 한편으로는 조만간 사람들의 일자리가 뺏길지도 모른다는 생각에 불안함을 느끼기도 했다.

뉴스를 보면 4차산업혁명이 가져올 미래에 대해 쉴 새 없이 떠들어댄다. 전문가들은 인공지능(AI) 등의 등장으로 곧 직업 쇼크의 시대가 도래할 것이라고 말한다.

영국 옥스퍼드대 연구팀은 2014년 〈고용의 미래〉 보고서를 통해서 우리가 알고 있는 직업의 47퍼센트가 사라질 것이라고 전망하기도 했다. 과거에 최고의 직업이라고 여겨졌던 변호사, 의사, 약사 등의 전문직까지도 이제는 더 똑똑하고 성실하게 일하는 로봇들로 대체되는 시대가 된 것이다.

이러한 변화에 따라 사라지는 직업들도 있지만, 반대로 새로 생기는 직업들 또한 늘어나고 있다. 너도나도 꿈꾸는 유망 직업으로 손꼽히는 유튜브 크리에이터는 물론이고 드론 조종사, 3D 프린터 전문가, 빅데이터 전문가 등도 새로 생긴 직업에 속한다.

왜 엄마들은 잡 크리에이터가 되어야 할까?

마찬가지로 이제는 시대의 흐름에 따라 엄마들도 직업에 대한 관점을 바꿔야 하는 시대가 왔다. 자신이 알고 있는 기존 직업들에만 머물러 있지 말고 나의 적성과 능력, 경험을 바탕으로 창의적인 아이디어를 찾아 스스로 새로운 직업을 만드는 잡 크리에이터(job creator)가 되어야 한다.

118

잡 크리에이터가 되면 무엇보다 다른 사람들이 가지고 있지 않은 나만의 새로운 무기를 가질 수 있다는 장점이 있다. 이를 통해 나중에는 나만의 온리 원 브랜드를 만들 수도 있고, 창업도 할 수 있는 것이 바로 잡 크리에이터의 또 다른 매력이다.

그렇다면 잡 크리에이터가 되기 위해서는 어떻게 하면 될까? 크리에이터는 영어 단어 뜻 그대로 생각할 수 있는 사람이면 누구나 될 수 있다. 잡 크리에이터가 되는 것은 거창한 것이 아니다. "지금, 바로 여기, 내가 있는 곳에서 무엇을 하며 많은 시간을 보내고 있고, 앞으로 무엇을 하며 나의 시간을 보내고 싶은가?"라는 질문에 대한 답에서 충분히 찾을 수 있다.

우선 나의 취미, 경험, 지식, 노하우 등 내가 이미 가지고 있는 재료들을 현미경으로 잘 들여다봐야 한다. 그리고 이것들을 바탕으로 새로운 아이디어를 만들기 위해 세상의 트렌드를 파악하고 공부하는 것을 게을리해서는 안 된다.

보통은 창의적인 아이디어라는 단어 자체를 두려워하기 마련이다. 하지만 이 세상에 완전히 새로운 아이디어란 없다. 기존에 내가 가지고 있는 것을 바탕으로 조금만 비틀어 보면 세상에 없던 새로운 것이 생긴다. 〈기생충〉이란 영화를 통해서 아카데미 4관왕을 수상하며 한국 영화의 역사는 물론이고 아카데미 역사상으로 큰 획을 그은 봉준호 감독도 "가장 개인적인 것이 가장 창의적인 것이다"라는 말을 하지 않았던가.

어쩌면 주부, 엄마야말로 잡 크리에이터로 성장할 수 있는 기회가 무궁무진하다. 모든 일이 자신의 경력과 경험이 바탕이 될 때 빨리 성장할 수 있듯이, 잡 크리에이터 또한 나의 경력과 경험이 바탕이 될 때 훨씬 빨리 직업으로 자리 잡을 수 있다.

잘 생각해보면 대한민국에 살고 있는 보통의 엄마들은 육아, 요리, 청소, 교육, 재테크, 인테리어 등 자신만의 경험과 노하우를 한 가지 이상은 가지고 있다. 내가 가지고 있는 재료가 부족하다고 생각되는가? 그래도 상관이 없다. 지금은 가지고 있지 않지만 내가 현재 좋아하는 분야, 관심 있는 분야를 정해서 계속 배워나가면 된다.

잘나가는 엄마들의 잡 크리에이터 사례

얼마 전 TV 프로그램을 보는데 살림 경영 컨설턴트가 한 연예인의 집에 구세주처럼 등장하여 집의 상태를 비상사태라 진단한 후 정리를 통해 새로운 집으로 탄생시키는 장면을 보았다. 불과 얼마 전까지만 해도 청소와 정리를 잘한다고 해서 이것이 곧 직업이 되고 돈벌이 수단이 될 수 있을 거라 상상조차 할 수 없었지만 지금은 모든 것이 가능한 시대이다.

내가 TV 프로그램을 통해서 본 살림 경영 컨설턴트뿐만 아니라 정리수납 컨설턴트, 영유아 수면 코치, 캐릭터 도시락 전문가 등 결혼으로 퇴사 후 아이를 낳고 육아를 하는 엄마들의 잡 크리에이터 활동 사례가 눈에 띄게 늘어나고 있다.

이뿐만이 아니다. 요즘 청소년들의 선망 직업 1순위로 꼽히는 유튜브 크리에이터도 마찬가지이다. 너무나 유명한 유튜브 크리에이터 대도서관은 "유튜브도 곧 주부의 시대가 올 것이다"라고 말하기도 했다. 이제는 엄마들도 집에서 육아를 하면서 핸드폰 하나만 있으면 충분히 콘텐츠를 만들고 채널을 운영할 수 있는 유튜브 크리에이터가 될 수 있다.

아이 둘의 8년 차 주부인 박스미 씨도 홈트레이닝 유튜브 채널을 운영하고 있는 유튜브 크리에이터이다. 그녀는 스물세 살이라는 어린 나이에 결혼해 육아만 하다 보니 살이 급격하게 쪘다고 한다. 그러다 문득 나를 위한 투자를 해야겠다는 다짐을 했고, 아이들을 재우고 나서 매일 달밤에 체조를 하기 시작했다.

시간이 지나 자연스럽게 몸매가 만들어졌고, SNS에서 그 모습을 본 엄마들의 문의를 많이 받게 되었다고 한다. 그러면서 자신이 운동하는 영상을 찍어 유튜브 채널을 운영하게 되었고, 다이어트 식단과 그동안의 노하우를 담은 책도 출간하기도 했다.

무엇보다 그녀는 유튜브 크리에이터가 되면서 산후우울증도 극복하게 되었고 누군가의 엄마가 아니라 자신만의 삶을 찾았다고 한다.

이렇듯 이제는 엄마들의 경험, 놀이, 취미, 노하우가 곧 일이 되는 시대에 돌입했다. 엄마들이 일상 속에서 하고 있는 평범한 일이 다른 사람들에게는 특별한 것이 되고 충분히 도움이 될 수 있다.

그렇다고 해서 내가 주부이기 때문에 꼭 요리, 살림과 관련한 잡 크리에이터가 되어야 하는 것은 아니다. 자기가 좋아하는 것, 잘하는 것 등 다양한 부분에서 새로운 아이디어를 발견하고 나만의 직업을 창조하는 잡 크리에이터가 될 수 있다.

잡 크리에이터가 된다는 것은 일을 '내가 해야만 하는 것'이 아니라 '내가 정말로 하고 싶은 것'으로 일에 대한 개념 자체를 바꾸어준다. 그뿐만이 아니다. 늘 상상만 했던 것을 새로운 아이디어를 통해 현실로 만들어주고 다른 사람들에게 도움을 주기까지 한다.

이렇게 엄마의 인생뿐만이 아니라 사회에도 폭넓게 기여할 수 있는 잡 크리에이터로의 새로운 변신! 정말 매력적이지 않은가.

여성 사업가 DNA를 장착하고
삶의 파도를 타라

파도를 잘 타기 위해서는 원칙을 반드시 지켜라

나는 물 공포증이 있다. 그런 나에게 몇 년 전 친정 엄마는 사업을 시작하기 전에 서핑을 한번 배워볼 것을 권했다. 안정된 길을 포기하고 힘든 사업을 결심했던 것처럼 앞으로 인생에서 뭐든지 두려워하지 말고 용기를 내어 새로운 도전을 해보라는 취지였다. 그 당시 서핑을 배우기 위해 서핑 강사에게 개인 레슨을 받았는데 파도를 잘탈 수 있는 방법만 배울 것이라 생각했지만 그렇지 않았다. 그는 파도를 잘 타는 방법이 아닌 파도를 타기 전에 반드시 지켜야 할 원칙부터 수십 번 강조했다. 그가 가르쳐준 원칙은 다음 다섯 가지였다.

원칙1. 매너를 지켜라

"파도타기에도 매너가 필요합니다. 파도를 탈 때는 너무 욕심을 내서는 안 돼요. 주변 사람들을 항상 보면서 그 선을 잘 지켜줘야 해요."

원칙2. 앞을 봐라

"힘들게 일어섰다면 내가 잘 서 있나 확인을 할 필요가 전혀 없어요. 뒤를 돌아보지도 말고, 물 밑을 내려다보지도 말고 그냥 앞만 보고 나가세요."

원칙3. 자신을 믿어라

"처음에는 모든 것이 서툽니다. 몇 번 넘어졌다고 해서, 물에 빠졌다고 해서, 못한다고 스스로를 자책할 필요가 없어요. 수없이 반복하고 연습하면 모든 것이 가능해집니다. 그리고 잊지 말아야 할 것은 지금도 충분히 잘하고 있다는 사실입니다."

원칙4. 여유를 갖고 타이밍을 잡아라

"스트레스 받고 조급해하면 될 일도 안 됩니다. 파도가 오는지 천천히 살피고 왔다 싶으면 타이밍을 잡으세요. 어느 순간 나에게 오는 파도와 함께 타이밍을 잡고 있는 여유로운 자신을 발견할 거예요."

원칙5. 뭐든지 즐겨라

"아는 자는 좋아하는 자만 못하고, 좋아하는 자는 즐기는 자만 못합니다. 즐기는 자를 따라갈 자는 아무도 없습니다. 뭐든지 즐기세요. 파도에 몸을 맡기고 그냥 즐기면 됩니다."

서핑 강사에게 개인 레슨을 받고 나서 조금씩 깊은 물속으로 들어가니 늘 그랬던 것처럼 숨이 턱턱 막혀왔다. 하지만 가르쳐준 서핑 원칙을 머리와 가슴에 되새기며 스스로를 믿고 차근차근 시도하니 어느새 나도 모르게 파도타기를 즐기고 있는 모습을 발견할 수 있었다. 내가 가지고 있던 공포증도, 물속에 빠지는 것조차도, 수백 번 물에 빠져보니 더 이상은 나에게 공포스러운 일이 아니었다. 그리고 지금까지 살면서 느껴보지 못한 이상야릇한 기분이 들기도 했다. 앞으로 어떤 일이 닥치더라도 뭐든지 잘해낼 수 있을 것만 같은 힘이 생기는 것 같았다.

사업 시작 전, 사업의 원칙부터 세워라

"아이고, 서연아 왜 고생을 사서 하려고 하니? 그냥 이때까지 그래 왔던 것처럼 남편이 벌어다주는 돈으로 편하게 살면서 제발 아이나 잘 키워."

엄마가 아닌 여성 사업가로 시작하겠다고 선언하면 주변에서는 하나같이 이렇게 이야기한다. 심지어 가장 가까운 가족들조차도 새로운 도전을 하는 자신을 이해해주지 못할 때도 있다.

오랫동안 엄마로만 살아왔기에 다른 사람들의 말처럼 나 자신조차도 과연 잘 할 수 있을지 걱정이 이만저만이 아니다. 내가 가지고 있는 아이디어, 돈, 시간, 노력 등 모든 것을 다 바쳐 올인해야 하기 때문에 혹시나 창업하고 한순간에 빈털터리가 될까 봐 밤에 잠이 안

올 정도로 두렵기도 하다.

어쩌면 사업을 시작하는 것 자체가 정말 어려운 일일 수도 있다. 하지만 파도타기를 처음 하는 것처럼 창업도 처음에는 두려운 일이지만 일단 용기 내어 시작해보면 어느 순간 새로운 인생을 즐기고 있는 자신을 발견할 수 있다.

파도타기에도 원칙이 필요했던 것처럼 창업을 결심하고 그 여정을 제대로 즐기기 위해서는 사업 원칙을 가장 먼저 세우는 게 무엇보다 중요하다. 여성 CEO로서의 사업 원칙을 먼저 규정해놓아야 때로는 흔들리더라도 다양한 높이의 파도를 즐기며 탈 수 있다.

창업을 선택한 이유가 '가정생활과 병행하기 자유로워서', '돈을 많이 벌기 위해서', '취업하기 어려워서'일 수도 있다. 물론 이런 이유들도 중요하지만, 단지 이것만으로는 부족하다. 열정이 떨어지면 어떻게든 채우면 되지만 사업을 시작하는 동기가 분명하지 않다면 약한 파도에도 갈팡질팡 흔들리기 쉽다.

여성 CEO가 된 후에도 아내, 엄마, 딸, 며느리로서 1인 5역 이상의 역할을 해야 하기 때문에 우여곡절을 겪게 되면서 포기하고 싶은 상황들이 지속적으로 발생할 수 있다.

그렇기 때문에 나만의 사업 원칙을 가지고 여성 사업가만의 DNA를 장착해야 한다. 사업하는 사람들을 만나면 그들에게는 공통적으로 발견되는 특징인 사업가 DNA가 있다. 직업을 선택하는 것과 사업을 선택하는 것은 엄연히 다르다. 사업을 잘하기 위해서는 어떠한 파도에도 흔들리지 않는 단단한 힘, 사업가 DNA가 반드시 필요하다.

사업을 시작하기로 결심했다면 가장 먼저 흰 종이 한 장에 담을 수 있는 나만의 사업가 DNA를 만들어보자.

1. 미션(mission): 왜 창업을 하려고 하는가? 고객에게 어떤 도움을 줄 것인가?

_____

2. 비전(vision): 나는 3~5년 후 어떤 모습으로 되어 있길 원하는가?

_____

3. 목표(goad): 비전을 달성하기 위한 1년 내 목표는 무엇인가?

_____

4. 가치(value): 즐겁게 일하기 위해서는 어떤 행동 수칙이 필요한가?

_____

창업하는 데 이런 원칙들이 무슨 의미가 있을까 하는 생각이 든다면 오산이다. 실제로 이런 가치가 있는 회사와 없는 회사의 수익성에는 큰 차이가 난다는 연구 결과도 많다.

사업과 성공에 대한 나만의 명확한 정의를 내렸는가? 자신이 옳다는 것을 스스로 증명하고 싶은가? 엄마가 아닌 내 삶의 주인공이 되고 싶은가? 나는 할 수 있다는 생각이 드는가? 그렇다면 지금부터는 사업가 DNA를 장착하고 자신만의 삶의 파도를 타야 할 때이다.

엄마의 장점을 살려 고객을 '찐팬'으로 만들어라

BTS는 어떻게 성공할 수 있었을까

어느 날 오랜만에 만난 친구가 예전과 달리 생기 있는 얼굴로 나타났다.

"요즘에 좋은 일 있어?"

"회사 그만두고 애 둘 보느라 매일 우울했는데 BTS 때문에 삶이 행복해졌어."

시간이 꽤 지났지만 아직까지도 친구의 표정은 기억 속에 선명히 남아 있다. 그녀는 일본어에 능통한 재원으로 무역회사에서 해외영업을 하는 멋진 커리어 우먼이었다. 하지만 둘째를 낳게 되자 회사에서 이래저래 퇴사하라는 눈치를 주었던 모양이다. 주변에 애 봐줄 사람도 없어서 할 수 없이 울며 겨자 먹기로 전업맘이 되었다.

일을 하지 못해 매일 우울해했던 친구의 삶을 한순간에 행복하게 만든 BTS. '전 세계에서 가장 사랑받는 브랜드, 빌보드 차트 1위, 유튜브 조회수 신기록 갱신, 57조 원의 경제 효과, BTS 혁명' 등의 키워드들로 표현되는 세계적인 그룹 BTS의 인기 비결이 갑자기 궁금해지기 시작했다.

각종 자료를 찾아보니 멤버 개개인의 실력도 실력이지만 그들 스스로 자신이 무엇을 좋아하고 잘하는지 그 어느 누구보다 더 잘 알고 있었다. 그리고 사소한 일상뿐만 아니라 음악에 대한 생각들을 팬들과 소통하면서 그들 스스로가 콘텐츠를 생산하는 하나의 거대한 플랫폼이 된 것을 성공 비결로 꼽았다.

지금은 세계적인 그룹이 되었지만 BTS도 처음에는 방송에서 전혀 주목받지 못했다. 하지만 좌절하지 않고 멤버들 스스로 각종 온라인 방송과 SNS를 통해 활동하면서 전 세계적인 팬층을 만들어가기 시작했다. 이런 활동들이 팬들과의 강력한 공감대를 형성하게 되면서 거대한 팬덤을 형성하게 된 것이다.

그들은 '아이돌 그룹이 성공하려면 거대한 기획사, 대규모 자본 투자가 있어야 한다'는 성공 공식을 단번에 깨어 버렸다. 이렇게 BTS가 보여준 성공 비결은 엄마가 창업에 성공하는 방법과도 어느 정도 일맥상통한다고 볼 수 있다.

창업 성공의 핵심은 실력과 고객

"사업을 하고 싶어도 자본금이 있어야 하죠."

엄마들이 창업을 시작할 때 보통은 자본금에 대한 걱정을 많이 한다. 물론 '금전'적인 부분도 무시할 수 없이 매우 중요하다. 하지만 BTS 사례에서 확인할 수 있듯이, 돈이 없어서 창업을 할 수 없다는 것은 이제 핑계에 불과할 수 있다.

과거에는 학연, 혈연, 지연, 자본이 중요한 시대였지만 지금은 이러한 것들이 없이도 충분히 창업할 수 있는 무한한 가능성의 시대이다. 오로지 내가 가지고 있는 실력과 고객의 마음만 열 수 있다면 충분히 승산이 있다.

사업의 핵심은 '고객'이라고 할 수 있다. 아무리 아이템이 좋더라도 사업은 고객이 없으면 망한다. 고객이 없으면 절대 성립되지 않는 것이 바로 비즈니스의 생태계인 것이다. 즉 고객에게 사랑받는 회사, '고객'을 넘어 고객을 열광하는 '팬'으로 만드는 회사가 성장할 수 있다. 팬이 많은 회사는 불경기도 없고, 불황도 비켜 지나갈 수 있다. 세계적인 그룹 BTS도 마찬가지이고, 세계적인 기업 애플도 그들을 뜨겁게 사랑하는 팬들이 많기 때문에 거대한 비즈니스를 탄생시킬 수 있었다.

혹시 창업하고 싶은데 사업을 시작할 돈이 없는가? 그런 당신도 충분히 사업가가 될 수 있다. 우선 고객을 나의 팬으로 만들 수 있는 킬러 콘텐츠(killer contents), 나의 실력부터 키우면 된다. 그다음에는 나를 사랑하는 자발적 팬들로 인해 자연스럽게 사업을 시작할 수 있는 계기가 만들어질 수 있다.

엄마의 장점을 살려 고객과 소통하다

얼마 전 아는 업체 대표님과 미팅을 하면서 이런저런 이야기를 나누었다. 계속되는 불황과 예상치 못한 코로나 사태로 인해 다들 사업 운영이 힘든 시기임에도 불구하고 친구분의 사업은 전혀 타격이 없다는 것이었다.

"제 친구가 결혼 전에도 옷을 참 잘 입기로 소문난 애였어요. 결혼을 하고 아이 둘 낳고 육아에만 전념하던 친구인데, 결혼을 하고 애를 낳아도 예전 실력이 어디 가나요? SNS에 매일 자신의 일상을 업로드했죠. 그런데 사람들의 눈에는 그 친구의 옷 스타일만 보였나 봐요. 한 명, 두 명 팬들이 늘어나기 시작하더니 댓글로 '옷 브랜드가 뭐냐, 입고 있는 옷을 혹시 판매하지는 않냐'고 거꾸로 문의가 들어왔던 모양이에요. 그래서 친구가 동대문 시장에서 옷을 조금씩 떼서 판 것이 사업의 시작이 되어 버렸죠."

이렇게 SNS를 통해 두터운 팬층이 생겨 거꾸로 사업을 시작한 엄마들의 케이스는 많이 찾아볼 수 있다. 국내 최초 리빙 크리에이티브 디렉터란 타이틀을 가진 '꾸밈by'의 조회선 대표도 마찬가지이다. 그녀는 이름만 대면 알 만한 연예인들의 집을 인테리어하면서 더욱 더 유명해졌다. 그녀는 10년간 전업주부로 살다 인테리어 고수로 사람들에게 입소문이 나면서 디자이너로 변신하게 된 케이스이다.

전업주부 시절 SNS를 통해 집을 꾸민 인테리어 사진을 지속적으로 업데이트한 것이 사업의 계기가 되었다. 그러다 보니 팬들이 많이 생겼고, 운 좋게 잡지에도 실리기까지 했다. 이후 여러 군데에서

칼럼과 기사 요청이 들어왔고, 그녀를 눈여겨본 한 잡지사에서 인테리어 코디네이터 일을 제안했다.

그 당시 아이가 어렸기 때문에 아이가 어린이집에 가 있는 시간을 활용해 건축회사에 다녔다. 몇 년 동안 회사에서 내공을 쌓은 후 인테리어 회사의 대표가 되었고 실력을 인정받아 관련 전공자가 아님에도 현재 대학교 특임교수로 재직 중이다.

고객과 소통하며 창업의 발판을 만들어라

이렇게 내가 가고자 하는 방향만 확실하다면 누구나 창업할 수 있는 시대가 왔다. 중요한 것은 창업은 다른 사람의 실력을 빌려서 하기 어렵고, 아무리 자본이 많다고 해서 성공할 수 없다는 것이다.

처음부터 모든 것을 완벽하게 준비해서 시작하기보다 우선 내가 할 수 있는 범위 내에서 작게 시작해보자. 먼저 내게 가장 쉽고, 또 많이 접할 수 있는 SNS부터 한번 시작해보자. 블로그, 인스타그램, 유튜브 등 다양한 채널 중에 현재의 상황에 가장 적합한 방법을 선택해서 나의 일상부터 올려보자.

많은 엄마 창업가들이 아이의 성장일기를 업로드하다가 사업을 시작했고, 육아 블로그에서 자연스럽게 판매를 시작했다. 나만의 아이템이 있다면 다른 사람들과 편하게 소통하면서 반응도 살피고 자연스럽게 신뢰도 쌓을 수 있는 것이 바로 SNS의 장점이다. 그리고 사업을 하는데 돈도 들지 않고 고객 확보도 할 수 있고 고객들을 나의 팬으로도 만들 수 있다.

요즘은 아이템만 판매하는 것이 아니라 콘텐츠를 함께 판매해야 하는 시대라고 말한다. 엄마로서의 경험이 녹아든 아이템은 자연스럽게 그 가치도 올라가기 마련이다. 스스로 할 수 있는 콘텐츠 작업부터 지속적으로 하다 보면 자연스럽게 나의 실력도 쌓이고 나만의 분야를 개척할 수 있다.

어쩌면 처음부터 규모만 큰 사업을 꿈꾸는 것보다 고객과 소통하며 나의 킬러 콘텐츠를 키워나가는 편이 훨씬 더 내 사업을 반짝이게 해줄 수 있을 것이다.

취미가 일이 되는 시대,
'덕질'로 성공을 꿈꿔라

무엇이든 가능하다

얼마 전 친한 후배가 전화를 걸어와서 이런 이야기를 전했다.

"언니, 내 친구가 결혼하고 나서 일을 그만두고 나니 삶이 너무 무료해졌대. 그래서 문화센터를 정말 열심히 다니기 시작했대. 커피를 좋아해서 바리스타 자격증도 따고, 요리를 좋아해서 마카롱 만드는 것도 배우고 그렇게 한동안 취미생활만 한 거야. 그런데 마카롱 만드는 게 너무 재미있어서 얼마 전에 자기 동네에 조그마한 마카롱 가게를 연 거 있지? 거기서 쿠킹 클래스를 가끔 열었는데 그게 또 입소문이 나서 동네에서 유명해졌나 봐. 그래서 좋아하던 커피랑 결합해서 강남 번화가에 마카롱 카페를 오픈했는데 그게 대박이 난 거 있지, 글쎄. 이젠 2호점까지 오픈한다네. 내 친구의 삶이 너무 부러워."

주부로서 짧은 기간에 사업에 성공한 후배의 친구도 대단하다고 느껴졌지만 나에게는 후배의 "내 친구의 삶이 너무 부러워"란 마지막 말 한마디가 더 강렬하게 다가왔다.

후배가 그 친구를 부러워한 이유는 무엇일까? 사업이 잘돼서? 물론 그런 이유도 있겠지만 무엇보다 모든 직장인들이 부러워하는 '덕업일치'를 이루었기 때문이다. 자기가 취미 삼아 하던 것을 자신의 일로, 그리고 자신의 사업으로 확장, 발전시키는 것은 대부분의 일하는 사람들의 꿈이다.

요즘 TV를 보면 '덕질', '성덕'이란 신조어가 많이 등장한다. 덕질이란 어느 한 분야를 미친 듯이 좋아하고 빠져드는 것을 말한다. 덕질에 성공한 덕후를 성덕이라고 부른다. 요즘에는 이런 덕질이 자신의 직업이 되기도 하는데 이런 사람을 '하비프러너(hobby-preneur)'라고 부른다. '취미(hobby)'와 '무엇을 추구하는 사람(preneur)'의 결합어로 자신이 좋아하는 취미를 사업으로 발전시킨 사람들을 말한다.

예전에는 돈벌이를 위해서 직업을 선택해야만 하는 시절도 있었다. 취미를 배워보겠다고 말하면 어른들은 "취미가 밥 먹여주나?"라는 말을 많이 하기도 했다. 하지만 이제는 이런 말도 정말 옛말이 되어 버렸다. 최근에는 개인의 취미에 대한 인정과 평가, 위상 자체가 달라졌다. 지금은 바야흐로 덕후 전성시대가 되어버린 것이다.

엄마들의 덕업일치 성공 사례

최근에는 덕업일치를 하여 여성 CEO로 변신한 엄마들의 성공

사례들을 손쉽게 찾아볼 수 있다.

아동복 브랜드 '수아비'의 허아람 대표도 마찬가지로 주부로서 취미를 일로 발전시킨 덕업일치 케이스이다. 그녀는 바느질하는 것이 너무 재미있어 어느 날 10만 원을 주고 중고 재봉틀 하나를 구입했다고 한다. 그 이유는 직접 사랑하는 아이의 턱받이를 만들기 위해서였다.

평소 디자인에 관심이 많았던 그는 해외에 있는 친구에게 부탁해서 독특한 원단을 구입해 턱받이를 만들었다. 이것을 개인 블로그에 올리기 시작했는데 사람들의 반응이 생각보다 너무 좋았다. 이후 블라우스까지 제작하게 되었는데 이것이 대박이 나서 창업까지 하게 되었다.

도마 브랜드 '도마네'의 최희정 대표도 취미였던 목공을 직업으로 삼아 평생 하고 싶은 일을 찾았다. 그녀는 10년간 다니던 직장을 그만두고 엄마가 된 후 취미생활에만 집중했다. 그러다 DIY와 관련된 것들을 배우며 좋아하는 일을 평생직업으로 삼고 싶다는 생각이 들었다.

엄마가 된 후에 가족에게 줄 음식 재료를 다듬는 도마의 중요성을 새삼 깨닫게 되었다. 아이를 위한 요리를 만들면서 디자인, 위생 등 많은 것들을 신경 쓰게 되었다. 그러다 도마가 나무로 만들 수 있는 최고의 상품이라는 생각이 들었고, 자신의 취미인 목공을 바탕으로 창업에 도전했다.

성공하는 덕후들의 덕업일치 노하우

그렇다면 덕업일치를 성공시킬 수 있는 방법은 무엇일까? 모두가 부러워하는 삶을 살고 있는 덕후들의 공통적인 성공 비결은 자신이 진정으로 좋아하는 일을 먼저 찾고, 그 분야에서 끝장을 보았다는 것이다.

좋아하는 일에서 끝장까지 바라지는 않더라도 "취미가 뭐예요?"라는 간단한 질문에도 쉽게 대답할 수 있는 엄마들이 과연 얼마나 있을까? 아마도 대부분의 엄마들은 "취미생활 할 시간이 어디 있어요? 육아와 가사를 해내기에도 시간이 모자라고 너무 지쳐요"라고 말하며 이 질문에 대한 대답을 선뜻 하지 못할 것이다. 물론 나 역시도 마찬가지였다.

예전에 누군가 나에게 "취미가 뭐냐?"라는 질문을 한 적이 있는데 어떻게 대답해야 할지 참 난감했던 기억이 있다. 결혼 전에는 요가, 헬스 같은 운동을 좋아해서 자신 있게 대답하곤 했지만 엄마가된 후로 즐겨하는 취미가 없어진 것이 나의 슬픈 현실이었다.

이후 이런 질문을 몇 번 더 받고 나서 개인적으로 고민이 깊어졌다. 취미의 사전적인 정의는 '전문적으로 하는 것이 아니라 즐기기 위해서 하는 일'을 말하는데 내가 과연 즐기면서 하는 일이 무엇인지 찾지 못했던 것이다.

반면에 내 남편은 취미가 아주 명확했다. 남편의 취미는 야구라서 야구 이야기만 하면 눈빛이 반짝거렸다. 매일 야근을 밥 먹듯이 하는데도 주말엔 새벽부터 일어나 야구 경기를 하러 갔다.

"힘들지 않아?"라고 물으면, "아니, 전혀. 야구할 때는 스트레스가 다 풀리고 너무 재밌어"라고 대답했다. 어느 순간부터 즐기면서 하는 취미가 있다는 것이 참 부러웠고, 나도 아무리 바쁘더라도 취미를 가져야겠다는 다짐을 하게 되었다.

이렇게 취미라는 것이 아무것도 아닌 것 같지만 참으로 대단한 힘을 가지고 있다. 사람은 취미가 있어야만 삶을 즐길 수 있고, 주체적인 삶을 살 수 있다. 그리고 취미를 통해 어제보다 더 나아질 수 있고, 때로는 취미가 발전해 사업을 위한 씨앗이 될 수도 있다.

만약 내가 즐길 수 있는 취미가 있는가? 그렇다면 너무나도 다행이다. 덕업일치를 위해서는 내가 진심으로 좋아하는 일을 찾고 그 안에서 잘하는 일을 찾으면 된다. 그렇게 교집합을 찾다 보면 생각보다 좋은 창업 아이디어들이 많이 나올 수 있다.

만약 아직 즐기는 취미가 없는가? 그렇다면 예전부터 관심 있었지만 이런저런 핑계로 못 했던 취미를 일단 시작하고 봐야 한다. 작은 경험들이 조금씩 쌓이다 보면 먼 훗날에는 나만의 전문성으로 자연스럽게 발전되게 되어 있다.

누구나 자신이 좋아하는 일을 업으로 삼기를 원하지만, 누군가는 취미가 업이 되면 그때부터 일이 더 이상 기쁨이 되지 않는다고 말하기도 한다. 하지만 나는 오히려 그 반대라고 생각한다.

방송을 듣는데 '라디오 공무원'으로 불리는 배철수가 이런 말을 한 것이 아직까지도 내 기억에 선명하게 남아 있다.

"좋아하는 일이면 오래 해. 오래 하면 너 욕하던 놈들 다 사라지고 너만 남아."

사람은 싫어하는 일보다 좋아하는 일을 할 때 일에 대한 만족도도 높아진다. 그리고 좋아하는 일을 해야 더 잘할 수 있고, 오래할 수 있고, 자신이 가장 행복해질 수 있다. 덕업일치에 성공한 덕후들 대부분도 좋아하는 것을 통해 돈을 벌 수 있기 때문에 스스로의 삶에 만족한다고 입을 모아 말한다.

엄마들이여, 혹시 숨겨왔던 '덕질'이 있는가? 그렇다면 이제 당당하게 덕업일치에 도전해서 '성덕'으로 다시 태어나야 할 때이다. 엄마들도 좋아하는 일을 마음껏 하면서 충분히 사업가로의 인생 역전이 가능하다.

정부 지원 프로그램을
적극 활용하라

여성기업 인증 제도를 적극적으로 활용하라

나는 1인 기업가이지만 서울시와 수의계약까지 진행했다. 그 당시 거의 대부분의 사람들이 공공기관은 워낙 조건과 절차가 까다롭기 때문에 경험이 전무한 데다 1인 기업인 내가 수천만 원짜리 계약을 한다는 것은 거의 불가능한 일이라고 말했다.

내가 비록 1인 기업을 운영했지만 정부기관과 계약에 성공할 수 있었던 이유는 무엇이었을까? 바로 다름 아닌 여성기업이었기 때문에 가능했다. 나는 사업자등록을 하자마자 정부로부터 여성기업 인증을 받았다. 여성이기 때문에 엄마이기 때문에 더 유리하게 활용할 수 있는 것이 바로 여성기업 인증 제도이다. 대표가 여성이면 여성기업 인증을 받을 수 있는 조건이 되는데 실질적으로 누릴 수 있는 혜택이 너무나도 많다.

여성기업이 가장 혜택을 받을 수 있는 제도는 공공기관 우선구매제도이다. 우리나라의 경우 '여성기업의 지원에 관한 법률'에 따라 모든 공공기관은 무조건 여성기업 제품을 구매하도록 되어 있다. 국내 공공기관이 물품이나 용역을 구매할 때는 구매총액의 5퍼센트 이상, 공사의 경우 구매총액의 3퍼센트 이상을 의무적으로 여성기업에 할당하도록 되어 있는 것이다.

여성기업 인증을 받게 되면 여성기업 맞춤형 입찰정보 사이트에도 접속할 수 있는데 이를 통해 입찰정보도 실시간으로 제공받을 수 있고, 관련 상담도 받을 수 있다. 이뿐만이 아니라 여성기업이라면 누구나 창업 교육, 판로 개척, 정책자금 지원 등의 정부 지원 프로그램을 활용할 수 있다. 이렇듯이 엄마가 창업을 할 때 불리하다고 생각하는 조건을 더 유리한 조건으로 활용할 수 있도록 다양한 방법을 찾고 시도해봐야 한다.

정부 지원을 통해 창업을 위한 실무 지식을 쌓아라

나는 창업하면서 처음에 많은 시행착오를 겪었다. 1인 기업이었기 때문에 혼자서 교육, 영업, 마케팅, 재무 등 모든 업무를 처리하는 멀티플레이어가 되어야 했다.

과거 직장에서 근무했을 때 경영 컨설팅 업무를 했기 때문에 내가 창업을 하게 되면 쉽게 할 수 있을 거라 생각했던 것이 가장 큰 착각이었다. 우물 안이 아닌 우물 밖에서 보니 모든 것이 새로운 것들이었다. 막상 실전에 부딪혀 보니 생각과는 다르게 실무가 너무 어려웠다.

특히 회계의 경우에는 가계부 쓰는 것과 차원이 다를 정도로 너무나 복잡하게 느껴졌다. 처음부터 세무사에게 맡기기보다 내가 먼저 경험해봐야 한다는 마인드로 홈택스에 접속해서 부가세 처리 등의 간단한 세금 처리를 하는데도 꼬박 며칠이 걸리기도 했다. 영업과 마케팅도 마찬가지였다.

이렇듯 많은 엄마들이 창업에 대한 꿈을 꾸고 세상 밖으로 뛰어들지만 막상 부딪혀 보면 복잡한 경영 실무에 많은 어려움을 토로한다. 혼자서 독학으로 공부를 시작하지만 시간과 비용이 많이 소모되기 때문에 효과성도 떨어지기 마련이다. 그렇기 때문에 엄마가 창업할 때에는 정부에서 제공하는 여성 창업가 교육을 적극적으로 활용하는 것이 더 유리하다.

엄마들을 위한 콘텐츠 플랫폼인 '맘스라디오'도 정부 교육 프로그램을 통해 창업 지원까지 받은 케이스다. 한국콘텐츠진흥원에서 진행하는 프로그램의 우수 콘텐츠로 선정되어 경영 및 실무 지식 등 전문가의 멘토링을 받으며 급성장했다.

기업 교육 프로그램을 적극적으로 활용하라

이외에도 여성 창업가로의 시작을 망설이는 엄마들에게 창업가로서의 역량과 경쟁력을 강화할 수 있는 기업 교육 프로그램도 있다.

구글의 경우 육아를 하는 엄마 창업가를 위해 구글 스타트업 캠퍼스에서 '엄마를 위한 캠퍼스'라는 교육 프로그램을 운영하고 있다. 9주간의 체계적인 프로그램을 통해 창업가로서의 기본기를 다질 수 있고, 각 분야별 전문가와 스타트업 관계자들의 멘토링까지 경험할 수 있다. 무엇보다 엄마들이 아이를 데리고 와서 교육 프로그램에 참여할 수 있다는 것이 다른 곳과의 차별점이다. 엄마가 교육을 받는 동안에는 18개월 미만의 아이가 놀 수 있는 공간과 돌보미 서비스까지 제공한다.

최근에는 엄마를 위한 캠퍼스 졸업생들이 모여 자신들의 육아와 창업 경험을 담은 책까지 펴내며 사업 외에도 다방면으로 네트워크를 활용하여 활발하게 활동하고 있다.

정부 지원을 통해 창업자금을 마련하라

창업을 하기 위해서는 어느 정도의 자금력이 있어야 한다. 창업자금이 있어야 사무실도 마련할 수 있고, 직원도 채용할 수 있고, 마케팅도 할 수 있고, 투자도 할 수 있다.

하지만 오랫동안 전업맘으로 살면서 막대한 창업비용 준비는커녕 매달 나가는 생활비도 감당하기 버거운 것이 현실이다. 실제로 많은 여성기업인이 자금 조달이 가장 어렵다고 말한다. 하지만 여성기업이라면 다양한 정부 지원 제도를 통해 창업자금을 마련하는 것이 좋다. 정부에서는 여성의 성공적인 창업을 돕기 위해 여성창업보육센터 지원, 여성창업경진대회 개최, 여성가장 창업자금 지원 제도 등을 마련하고 해가 갈수록 지원을 대폭 강화하고 있다.

특히 요즘에는 사업자등록을 위해 자택이나 저렴한 공유 사무실도 많이 활용하지만 정부가 제공하는 창업보육실 공간을 적극적으로 활용해도 좋다. 이곳에는 사무집기, 휴게실, 컨설팅룸 등이 구성되어 있을 뿐만 아니라 경영, 회계, 법무 등의 전문적인 컨설팅도 받을 수 있다. 사업은 정보력, 네트워킹력이 중요하다는 말이 있듯이 이곳에서 여성기업 지원 사업 등의 정보를 제공받을 수 있고, 여성기업가들과의 네트워크도 형성할 수 있다.

아동복 브랜드인 수아비의 허아람 대표도 정부에서 지원해주는 창업지원센터를 활용하여 창업자금을 마련한 케이스이다. 그녀는 단돈 70만 원의 창업자금만 가지고 사업을 시작했다. 사무실이 필요해 사업계획서를 준비한 후 합격해 1년 동안 사무실을 무료로 사용했다. 그녀는 정부 지원 덕분에 사업이 자리 잡는 데 큰 도움을 얻을 수 있었다고 말한다.

우수하고 창의적인 아이템이 있다면 여성창업경진대회에 도전해보는 것도 한 가지 방법이 될 수 있다. 만약 수상을 하게 되면 최대 1,000만 원 상당의 포상금을 받을 수 있다. 뛰어난 아이디어만으로도 창업자금을 마련할 수 있을 뿐만 아니라 창업보육실 입주, 언론사를 통한 홍보, 투자 및 융자 연계, 판로 지원 사업 등의 다양한 우대 혜택 등도 받을 수 있다.

정부의 판로 확대 지원 사업을 적극 활용하라

사업을 위해서는 최대한 많은 사람들에게 우수한 아이템을 알리기 위한 홍보와 마케팅도 정말 중요하다. 실제로 여성기업들의 가장 큰 애로사항으로 판매선 확보 등의 마케팅 관리를 꼽기도 한다. 내가 아는 한 여성 CEO는 전문 마케팅 업체를 통해 홍보비용으로만 월 2,000만 원을 지급하고 있나는 말에 놀라움을 금지 못했다.

어느 정도 자금력이 되고 사업이 궤도에 올랐다면 이렇게 막대한 비용을 써서 홍보 효과를 높이는 것도 한 방법이지만 창업 초기에는 너무나도 어려운 일이다. 이럴 때는 정부의 지원 사업을 적극적으로 활용해보는 것도 좋은 방법이다.

정부에서는 여성기업의 판로 및 공공구매 확대를 위해 적극적으로 지원하고 있는데 그중 하나가 공공구매 홍보 사이트이다. 여성기업 확인서를 보유한 업체라면 누구든지 이 사이트에서 여성기업의 제품을 등록하고 홍보할 수 있다.

만약 판로 개척을 확대하고 싶다면 TV 홈쇼핑 시장으로 진입도 가능하다. 우수한 제품을 보유하고 성장이 기대되는 여성기업의 경우에는 TV 홈쇼핑에 방송할 수 있는 기회가 주어지고 방송 수수료뿐만 아니라 영상 제작비까지 지원받을 수 있다.

사업이 어느 정도 궤도에 올랐다면 해외 진출을 꿈꿔 봐도 좋다. 정부에서는 여성 특화 제품 해외 진출 원스톱 지원 사업을 통해 해외 판로를 개척할 수 있도록 도와준다. 무역에 관한 실무 교육, 수출 상담 및 마케팅과 해외 전시회도 참가할 수 있도록 지원해준다.

창업에 성공한 워킹맘

슈퍼 워킹맘을 위한 '가사 도우미 중개 서비스' 창업,
생활연구소 대표 연현주

'생활연구소' 연현주 대표는 아들 셋을 둔 엄마이다. 연현주 대표는 생활연구소를 창업하여 청소 서비스가 필요한 이용자와 청소 매니저를 연결해주는 서비스를 제공하고 있다.

그녀는 모두가 부러워하는 카카오톡을 퇴사하고 일하는 여성의 육아문제를 해결하고 싶어서 창업을 했다. 워킹맘이 누군가의 도움 없이 일과 육아를 병행하기는 너무나 어려웠기 때문에 믿을 수 있는 가사 도우미 구인 서비스를 생각하게 되었다. 자신이 겪었던 고충을 통해서 탄생한 것이 바로 청소연구소라는 서비스이다.

청소연구소는 론칭 3년 만에 업계 2위로 올라섰다. 고객 반응도 좋아 누적 고객수도 급격히 증가하여 지속적으로 성장하고 있다.

연현주 대표는 미래의 여성 창업자들의 성공을 돕기 위해 창업 시작을 위한 방법, 일과 가정의 조화를 위한 방법, 여성 CEO로서 당당해지는 방법을 다음과 같이 조언한다.

직장 생활로 배운 경험과 노하우를 통해 창업하라

초기 스타트업의 CEO는 대표이자 만능 실무자가 되어야 한다. 비용을 줄이기 위해 마케팅, HR, 재무 등 다양한 일을 하기 때문이다. 직장 생활은 이런 기본적인 비즈니스 흐름에 대한 전반적인 이해를 하는 데 도움이 된다. 뿐만 아니라 직장 생활을 하면서 배운 인맥 관리 방법이 실제로 창업을 할 때 도움이 되기도 한다. 직장을 거치게 되면 다양한 경험을 쌓을 수 있고 이를 통해 배운 노하우를 통해 창업도 충분히 할 수 있다.

아이를 나 혼자 키워야 한다는 부담감에서 벗어나라

보통은 결혼을 하고 출산을 하면 창업이 어려울 것이라고 생각하는데 전혀 그렇지 않다. 남편이 창업을 할 때 많이 지지해주었고, 창업을 한 후에도 남편이 집안일을 많이 도와주기도 했다. 워킹맘들은 아이에 대한 걱정을 많이 한다. 하지만 24시간을 아이한테 다 투자한다고 해서 아이가 반드시 잘 자란다는 보장은 없다. 여러 서비스나 주변 도움을 잘 활용해서 아이를 다 같이 키우는 것이 무엇보다도 중요하다.

여성 CEO로서 최적의 답을 찾기 위해 노력하고 당당해져라

CEO가 최종 의사결정권자이기에 최적의 답을 찾기 위해 노력해야 한다. 그렇지 않으면 잘못된 의사결정으로 인해 회사가 잘못된 방향으로 가거나 직원들이 더 고생할 수 있다. 무엇보다 중요한 것은 CEO가 당당해야 직원들이 불안하지 않다. 자신감과 비전을 통해 직원들의 불안함을 희망으로 바꿔주는 것은 CEO만이 할 수 있는 일이다. 지칠 때는 스스로 잘하고 있다는 셀프 동기부여를 하는 것이 필요하다. 그래야 직원들 앞에서 당당할 수 있고, 더 높은 목표를 보고 달릴 수 있다.

아이 맡길 곳을 고민하다 '아이 돌봄 매칭 서비스' 창업,
째깍악어 대표 김희정

'째깍악어' 김희정 대표는 리바이스, 존슨앤드존슨, 매일유업의 마케터로 근무했다. 그 당시에 아이가 있어도 한 달 넘게 해외 출장도 다녀올 정도로 독한 여자로 불리기도 했다. 그런데 회사를 다니면서 유리천장을 경험했다. 어린아이를 믿고 맡길 사람을 찾는 일도 너무나도 어려웠다.

그 당시 도우미도 썼지만 어린이집에서 갑자기 아이가 아프다고 연락이 올 때면 방법이 없었다. 능력 있는 여자 동료들이 육아 때문에 회사를 그만두는 게 너무나 안타깝기도 했다. 그 당시 엄마들이 필요할 때 언제든 아이를 믿고 맡길 수 있게 해야겠다는 생각을 했다. 그것이 김희정 대표가 사업을 시작한 이유가 되었다.

째깍악어는 아이들을 위한 시간제 돌봄 대학생 선생님 매칭 서비스이다. 법인 설립 다섯 달 만에 임팩트 투자사 HGI로부터 투자 유치를 받았고, 중소기업청 주관의 창업선도대학 육성사업 대상으로 선정되었다. 최근엔 여성가족부가 선정한 '여성친화적 사회적기업 우수모델·아이디어' 기업 중 하나로 꼽히기도 했다.

째깍악어는 온라인 앱 서비스로 멈추지 않고 가정에서만이 아닌 가정 밖에서도 오프라인 서비스를 제공하며 힘찬 도약을 하고 있다. 이를 통해 부모에게 육아에서 잠시 쉴 수 있는 시간 등의 일상을 선물하고 있다.

김희정 대표는 미래의 여성 창업자들이 성공하기 위해 실패, 사람, 도전에 관한 마인드를 갖춰야 한다고 다음과 같이 조언한다.

▌실패의 경험이 쌓여 아름다운 밤하늘의 별자리가 된다

처음에 직장 생활을 하다 '장사나 해볼까'라는 생각에 퇴사를 하고 옷가게를 차렸다. 하지만 매서운 바람을 몸소 체험하고 다시 회사로 돌아왔다. 첫 사업은 비록 실패했지만 직접 해보고 쌓은 경험이 무엇보다 소중하다는 사실을 발견했다. 실패한 경험이 현재 자신을 있게 한 디딤돌이 되었기 때문이다. 어쩌면 모든 일들이 시행착오의 연속일지도 모른다. 하지만 이런 발자취들이 결국은 아름다운 밤하늘의 별자리가 된다는 것을 기억해야 한다.

▌사업은 혼자 하는 게 아니므로 사람 관리 기술이 제일 중요하다

처음 창업을 할 때도 사람 관리가 어려웠는데 두 번째 창업도 마찬가지로 비슷한 문제가 발생했다. 결국 사업은 사람이 하는 일이고, 사람이 제일 중요하다. 무슨 사업이든 혼자 하는 게 아니라 사람들과 같이하는 것이라는 것을 명심해야 한다. 여성 창업자들에게 함께 일하는 동료에게 어떻게 동기부여를 해야 하는지 등의 사람과 함께 일하는 기술은 반드시 필요한 부분이다.

▌도전을 통해 다음 세대 여성을 위한 베이스캠프를 높여라

억대 연봉을 받다가 직장을 그만두고 마흔이 넘어 창업했을 때 다들 미쳤다고 했다. 하지만 여성들은 아무것도 하지 않으면 항상 그 자리라는 생각으로 도전을 계속해야 한다. 자신의 일을 통해 다음 세대 여성들을 위한 베이스캠프를 높인다는 생각을 가지고 일을 했으면 좋겠다.

4장

—

전업주부는 굿바이:
재취업 성공법

WORKING MOM

재취업에도
골든타임이 있다

나는 왜 자꾸 골든타임을 놓치는 걸까?

나:　내 친구는 몇 년 전 경기가 안 좋았을 때 집을 싼 가격에 사
　　서 몇 억 벌었대. 우리도 그때 집을 샀으면 몇 억은 벌었을
　　텐데…….

남편:정말? 내 친구는 코로나 사태로 주가가 완전 폭락했을 때
　　대출 받아서 삼성전자 주식을 샀대. 우리도 그때 대출을 받
　　아서 삼성전자 주식이라도 샀으면 이자를 갚고도 최소한
　　몇 백은 벌었을 텐데…….

남편과 나: 우린 왜 항상 골든타임을 놓치는 걸까?

얼마 전 남편과 나는 이런저런 대화를 나누면서 우리가 하지 않
은 것들을 땅을 치며 후회하고 있었다. 사람 인생에서 세 번의 기회

가 온다고 했는데 매번 인생의 골든타임을 놓치는 것 같은 기분이 들었다.

'골든타임(golden time)'이란 용어는 원래 의학 용어로 환자의 생사를 결정지을 수 있는 최소한의 시간을 뜻한다. 이처럼 남편과 나를 부자로 만들어줄 수 있는 골든타임은 우리가 말하던 바로 '그때'였던 것이다.

요즘 TV 프로그램을 보면 "라떼는 말이야"란 유행어를 심심찮게 들을 수 있다.

꼰대들이 추억팔이를 하며 매일 "나 때는 말이야"를 매일 외치는 이유도 바로 자신이 한때 잘나가던 '나 때'가 인생의 골든타임이었기 때문이 아닐까?

이처럼 '골든타임'은 라디오나 TV에서 청취율이나 시청률이 가장 높은 시간대처럼 인생에서 두 번 다시 오지 않을 황금기를 뜻하기도 한다.

당신의 골든타임은 언제입니까?

그렇다면 이 책을 읽고 있는 당신의 골든타임은 언제인가? 혹시 '그때' 재취업할 수 있는 기회였던 골든타임을 놓친 것을 후회하고 있지 않은가? 혹시 '나 때' 멋진 커리어 우먼으로 잘나갔던 골든타임을 그리워하고 있지는 않은가?

우리는 살아가면서 과거에 집착하며 현재와 미래의 골든타임을 놓치고 있지 않은지 생각해봐야 한다.

《당신을 믿어요》를 쓴 김윤나 저자에 따르면, 우리에게는 타임존(time zone)이라는 것이 있다고 한다. 그래서 건강한 마음을 가진 사람은 이 타임 존에 과거, 현재, 미래의 시간을 적절하게 나누지만 건강하지 않은 사람은 각각의 시간들이 불균형 상태에 놓이게 된다는 것이다.

그러므로 삶을 건강하게 만들기 위해서라도 과거에 집착하지 않고, 현재를 충실히 살면서, 미래를 계획할 수 있어야 한다. 스스로가 보다 넓은 시각을 가지고 인생의 타임 존을 균형 있게 살고 있는지 살펴봐야 한다.

지금 당장 흰 종이 한 장을 꺼내 당신의 100세 인생의 골든타임 존을 그려보자.

1. 흰 종이에 100개의 네모 칸을 그려보자.
2. 100개의 네모 칸 중에 나의 현재 나이까지 색칠을 해보자.
3. 내가 생각하는 과거의 골든타임에 해당하는 나이에 ★ 표시를 해보자.
4. 제2의 골든타임은 언제였으면 좋겠는가? 해당하는 나이에 ★ 표시를 해보자.
5. 앞으로 나는 얼마나 더 살아야 할까?
6. 남은 시간을 어떻게 채워나가야 제2의 골든타임을 맞이할 수 있을까?

| 내 인생의 타임 존 그리기 |

1	2	3	4	5	6	7	8	9	10
11	12	13	14	15	16	17	18	19	20
21	22	23	24	25	26	27	28	29 ★ 내 인생의 첫 번째 골든타임	30
31	32	33	34	35	36	37	38	39	40
41	42	43	44 ★ 내 인생의 두 번째 골든타임을 위한 준비	45	46	47	48	49	50
51	52	53	54	55	56	57	58	59	60
61	62	63	64	65	66	67	68	69	70
71	72	73	74	75	76	77	78	79	80
81	82	83	84	85	86	87	88	89	90
91	92	93	94	95	96	97	98	99	100

재취업의 골든타임을 놓치게 되는 엄마들

엄마들은 낙타가 바늘구멍을 빠져나가는 것보다 재취업이 더 힘들다고들 한다. 점점 심각해지는 취업난, 영영 해결되지 않는 육아 문제, 오래된 경력 단절로 인해 내가 과연 잘할 수 있을지에 대한 막연한 두려움이 자꾸만 재취업의 골든타임을 놓치게 한다.

실제로 여성가족부의 '2019년 경력 단절 여성 등의 경제활동 실태조사'에 따르면, 경력 단절 이후 다시 재취업을 하기까지 약 8년이나 걸리는 것으로 나타났다. 어렵게 재취업을 결심했지만 가사와 병행하며 재취업을 준비하는 것이 어려워 중간에 포기해버리기 일쑤이다. 그렇게 경력 단절 기간은 매년 먹어가는 나이의 숫자만큼 계속 늘어나기만 한다.

막상 높은 경쟁률을 뚫고 합격을 하더라도 더 큰 문제가 나타난다. 늘 가족 옆에서 묵묵히 지원을 해주는 엄마였기에 가족이 엄마가 일을 할 수 있도록 지원해줘야 하는 상황 자체를 가족들이 이해하지 못한다. 평일에는 회사에 출근하는 일하는 '부캐' 엄마, 주말에는 밀린 집안일 하는 '본캐' 엄마로 생각한다. 엄마들은 부캐와 본캐, 여러 가지 캐릭터를 오가느라 너무나도 바쁘다.

이렇게 일과 가정의 양립은 어려워지고, 얼마 뒤 다시 일을 그만둬야 하는 상황이 또다시 발생한다. 이렇게 경력 단절의 악순환은 시간이 갈수록 무한 반복될 뿐이다. 하지만 엄마들은 여전히 다시 사회로 나가고 싶다. 실제로 주부 대상으로 조사한 설문 결과에 따르면 주부의 약 95퍼센트가 재취업을 하고 싶다고 답했다고 하니 어쩌면 엄마들은 일에 대한 열망을 항상 가슴속에 안고 살아가는지도 모르겠다.

바로 지금이 재취업을 위한 골든타임이다!

어떻게 하면 다시 사회로 나갈 수 있을까? 의학, 방송, 인생에도 골든타임이 있듯이 마찬가지로 재취업에도 골든타임이 있다. 모든 일이 타이밍이 중요하듯 재취업을 위한 골든타임을 절대 놓쳐서는 안 된다.

그렇다면 재취업을 위한 골든타임은 언제일까? 바로 지금이 재취업을 위한 골든타임이다. 당신이 일하고 싶어 몸이 근질근질거리는 바로 지금 말이다.

얼마 전에 과거에 자신이 했던 분야와 전혀 다른 분야로 재취업을 하고 싶다는 여성을 우연히 알게 되었다. 재취업에 대한 열정을 보였던 그녀였기에 그 분야에 종사하고 있는 지인도 소개시켜주고, 다양한 정보도 제공해주며 나 역시도 그녀를 많이 도와주려고 애썼다.

혹시나 재취업에 성공했다는 소식을 기대하며 안부 연락을 했을 때 매번 돌아오는 말은 "이제 준비하려고요"라는 대답뿐이었다. 한 달이 지나도, 6개월이 지나도, 1년이 지나도 그녀는 여러 가지 핑계만 대며 여전히 준비만 하고 있었다. 처음에 너무나도 뜨거웠던 열정과는 다르게 시간이 갈수록 차갑게 변해버린 그녀의 마음이 전화기 너머로도 온전히 느껴졌다. 이렇게 뜨거운 열정보다 지속적인 열정을 갖는 것이 수십 배는 더 어려운 일이다. 그렇게 그녀는 재취업을 위한 골든타임을 자꾸만 놓치고 있었다.

혹시 이 책을 읽는 당신도 그렇지 않은가? 내가 재취업을 하지 못하는 이유들만 찾으며 스스로를 위로하고 있지 않은가? 막상 일하는 사람들을 부러워만 하면서 나는 매번 반복되는 일상만 살고 있지는 않은가?

로또에 당첨되려면 매주 1,000원짜리 로또라도 한 장씩 사야 로또에 당첨될 확률이 1퍼센트라도 된다. 로또 자체를 사지 않으면 로또에 당첨될 확률은 영원히 0퍼센트일 뿐이다. 준비만 할 게 아니라 가고자 하는 분야에 이력서도 다시 써보고, 자격증 공부도 하고, 인맥도 쌓는 등 재취업을 위한 준비를 실제 행동으로 옮기는 시도를 해야 한다.

이런 작은 행동들이 하나씩 모였을 때 재취업을 위한 골든타임의 기회를 스스로 맞이할 수 있고, 빨리 준비하면 할수록 재취업의 성공 확률 또한 높아진다. '운칠기삼'이라는 말이 있다. 사람들은 아무리 죽어라 노력을 하더라도 어떤 일이 이루어지지 않을 경우 '모든 일은 다 운에 달렸어'라며 노력하지 않는 자신을 합리화시킨다. 하지만 나는 '운칠기삼'이라는 말을 믿지 않는 편이다. 운이 7할이 작용한 이유는 그 전에 노력을 7할만큼 했기 때문 아닐까? 많은 노력이 필요없을 만큼 단련되었기 때문에 노력을 3할만 하더라도 쉽게 해낼 수 있는 것이다. 하지만 사람들의 눈에는 그 사람이 노력하지 않고 7할의 운이 작용한 것처럼 보일 뿐이다. '미시적 우연'과 '거시적 필연'이라는 말이 있듯이 인생에서의 기회란 '미시적 우연'이 아닌 내가 스스로 만들어야만 하는 '거시적 필연'인지도 모른다.

떠난 기차는 돌아오지 않듯이 내 인생의 골든타임이었던 '그때'와 잘나갔던 '나 때'는 절대 다시 돌아오지 않는다. '그때'보다 더 반짝반짝 빛나는 '나 때'를 다시 만들 수 있는 사람은 바로 당신밖에 없다.

100세 시대 내 인생의 반짝반짝 빛나는 골든타임은 반드시 돌아온다. 이때까지 골든타임을 놓쳤다면 앞으로 다가올 골든타임은 절대 놓쳐서는 안 된다. 지금부터라도 철저히 준비하면 '그때'보다 훨씬 더 빛나는 제2의 골든타임을 맞이할 수 있다. 과거를 후회하지 말고, 미래를 망설이지 말고, 지금 당장 준비하고, 실행해보자.

평생직장이 아닌
평생직업을 선택하라

평생직장의 시대는 갔다

"뽑아만 주신다면 여기서 뼈를 묻겠습니다."

내가 대학을 갓 졸업하고 취업을 위한 면접을 볼 때만 하더라도 이런 멘트를 심심치 않게 내뱉곤 했다. 하지만 요즘 면접관들은 이런 멘트를 곧이곧대로 믿지 않는다. 지원자가 거짓말을 하고 있거나 진정성이 없다고 생각하는 경우가 많다. 이렇게 우리는 평생직장이 무너진 시대를 살고 있다.

과거에 잘나갔던 기업들도 여러 가지 변화에 적응하지 못하면 갑작스럽게 소리 소문 없이 사라진다. 사회 환경이 변동적이고 복잡하며 불확실하고 모호한 '뷰카(VUCA: 변동성volatility, 불확실성uncertainty, 복잡성complexity, 모호성ambiguity의 약자) 시대'에 이러한 현상은 더욱더 심해지고 있다. 최근 우리를 강타한 코로나 사태로 인해 오랫동안 좋은 실적을 자랑했던 기업들이 파산신고를 하고 한순간에 무너지는 것만 봐도 잘 알 수 있다.

사람의 평균 수명은 해가 갈수록 늘어나지만 기업의 평균 수명은 해가 갈수록 짧아지고 있다. 미국의 500대 기업의 평균 수명은 1955년 기준으로 75년이었다면 2015년 기준으로는 15년 정도에 불과하다.

이러한 변화와 함께 기업에 몸담고 있는 직장인들은 정년퇴직이 아닌 조기 퇴직해야 하는 상황이다. 입사할 때의 꿈은 임원이었지만 현실은 과장에서 조기 은퇴해야 하는 현타(현실 자각 타임)가 온다. 회사에 출퇴근하듯이 매일 취업 포털 사이트에 접속하며 인생의 플랜 B를 대비하기도 한다.

특히나 여성들의 경우에는 조기 퇴사해야 하는 상황들이 지속적으로 발생한다. 여성의 변화 3종 세트인 임신, 출산, 육아를 겪는 것도 모자라 세상이 정의해놓은 커리어 우먼에서 경력 단절 여성으로 급격한 정체성의 변화를 겪기도 한다. 이렇게 직장 자체가 개인의 삶을 평생 책임지지 못하는 시대가 도래했다.

평생 할 수 있는 일을 찾아라

뼈를 자주 묻겠다던 나 역시도 내 이름으로 창업을 할 때까지 일곱 군데나 직장을 옮겨다녔다. 나의 꿈과 비전을 위해 안정된 직장보다는 내가 하고 싶은 일을 하는 뼈 없는 순살 직업인(?)을 택했다.

그 당시 다른 사람들은 이런 나를 이해하지 못했지만 현재까지 이런 나의 선택에 대한 후회는 없다.

과거에 좋은 직장을 다닐 때는 직장이 곧 나를 나타내준다고 큰 착각을 하곤 했었다. 하지만 실제로 직장을 나와 보니 예전의 좋았던 타이틀은 껍데기에 불과했다는 것을 깨닫는 순간들이 많다. 특히 요즘은 내가 아이 둘까지 출산하면서 육아와 일을 병행해보니 평생직업인으로 살기를 잘했다는 생각이 든다.

내가 진정으로 행복해지기 위해서는, 그리고 나 자체로 존재하기 위해 없어서는 안 되는 본질에 집중해야 한다. 우리는 살면서 종종 좋은 집, 좋은 차, 좋은 직장 같은 비본질에 더 집중하며 살아간다. 하지만 이러한 것들이 나를 정의해주는 것은 아니다. 그렇다고 해서 나를 행복하게 만들어주지도 않는다.

반면에 평생직업을 갖는다는 것은 다른 문제이다. 좋은 직장은 나와 평생 함께할 수 없지만 직업은 남편처럼 평생 나와 함께 갈 수 있다. 만약 할 수 없이 경력 단절이 되었다면 이제는 평생직업을 통해 내가 진정으로 행복해질 수 있는 길을 갈 수 있는 너무나 좋은 기회이다. 찰리 채플린도 인생은 가까이서 보면 비극이지만 멀리서 보면 희극이라고 하지 않았던가. 그러니 경력 단절 기간을 평생직업을 찾는 기회로 생각해보는 것은 어떨까.

평생직업을 찾는 방법, 나에게 질문하기

나는 직장과 마찬가지로 현재의 '강사'라는 직업을 갖기까지 해외영업, 마케팅, 경영지원, 서비스직 등 다양한 직업을 경험했다. 지금은 'N잡러', '부캐' 등의 신조어가 생길 만큼 다양한 직업을 가지고 있는 사람들이 많지만 그 당시만 하더라도 사람들로부터 "성공하려면 한 우물만 파라"라는 조언을 많이 들었다.

내가 이렇게 여러 직업들을 전전하면서 오랫동안 같은 일을 하지 못한 이유는 생계를 위해 어쩔 수 없이 택했거나, 과거에 내가 한 경험이 있어 편했던 일이거나, 그 당시 유행했던 일을 직업으로 택했기 때문이다.

한편으로는 이러한 과정들이 내 인생에서 평생직업을 찾기 위해 반드시 거쳐야만 하는 기나긴 과정이었겠지만 좀 더 빨리 내가 무엇을 좋아하고, 무엇을 잘하는지 알고, 나에게 맞는 일을 준비했더라면 더 좋지 않았을까 하는 생각도 해본다.

이렇게 여러 번의 시행착오를 겪으며 나는 평생직업을 찾았다. 그 후 10년 넘게 이 일을 하고 있고, 앞으로도 평생 이 일을 하고 있는 나를 상상해본다. 과거에 사람들이 했던 말처럼 어쩌면 나는 이제야 비로소 성공한 인생을 살고 있는지도 모르겠다.

이렇게 평생직업을 갖는다는 것은 한 사람의 인생에서 너무나 중요한 일이다. 비록 지금은 직장 경력은 단절되었을지 몰라도 앞으로는 평생직업을 통해 경력을 평생 이어나갈 수 있는 기회를 찾아야 한다.

그렇다면 나에게 맞는 일을 어떻게 찾을 수 있을까? 방법은 스스로 묻고 답하는 수밖에 없다. 아래 질문들에 한번 답해보자.

1. 과거에 내가 했던 일이 나에게 어떤 의미였는가?
_____

2. 나는 어떤 일을 잘하는가?
_____

3. 나는 어떤 일을 할 때 가장 행복한가?
_____

4. 내가 재취업을 하려는 이유는 무엇인가?
_____

5. 일을 통해 내가 추구하고자 하는 가치는 무엇인가?
_____

6. 그 가치에 적합한 직업은 무엇인가?
_____

물론 이때까지 생각해본 적이 없기 때문에 쉽게 대답할 수 없는 질문들도 있을 것이다. 하지만 재취업은 인생 2막의 시작이기에 조금은 여유를 가지고 접근해볼 필요가 있다. 답은 이미 당신 안에 있다.

평생직업을 찾는 방법, 적성검사 활용하기

"꿈의 공식, 꿈 = 좋아하는 분야 + 잘하는 일. 좋아하는 게 야구고 잘하는 게 의학이라면 야구팀의 팀 닥터가 되고, 좋아하는 게 음악이고 잘하는 게 회계라면 JYP 회계팀에 들어오면 좋을 것 같아요."

예전에 기획사 대표이자 가수 박진영이 SNS에 꿈의 공식에 대해 적은 글이 화제가 된 적이 있다. 이것은 좋아하는 것과 잘하는 것의 교집합을 찾아 좋아하는 것을 '분야'로, 잘하는 것을 '직무'로 삼으라는 뜻이다. 하지만 자신이 무엇을 좋아하고 잘하는지 파악하는 것은 너무나 힘든 일이다.

이럴 때 쉽게 도움을 받을 수 있는 방법들이 있다. 정부가 제공하는 취업 지원 사이트에 접속하면 무료로 나의 적성과 직업을 탐색할 수 있도록 도움을 주는 진단들이 너무나도 많다. 이 외에도 MBTI, 스트롱 검사(strong interest inventory), 홀랜드 검사 등 다양한 진단 도구들을 활용할 수도 있다. 이를 통한 검사 분석 결과지를 내 두 눈으로 확인하게 되면 내 안의 불안과 두려움이 어느 순간 사라지고 평생직업이 선명하게 나타날 수도 있다. 어쩌면 용하다는 점쟁이를 찾아가는 것보다 이런 검사들을 받아보는 것이 평생직업을 더 빨리 찾는 데 큰 도움이 될 수 있다.

무료 적성검사 사이트

여기서는 정부가 무료로 제공하는 대표적인 적성검사 사이트인 커리어넷, 워크넷 두 곳에 대해만 간단히 소개하겠다.

커리어넷(www.career.go.kr)

커리어넷에서는 자신을 이해하는 데 도움이 되는 심리검사를 통해 진로에 대해 탐색하고 의사결정을 하는 데 유용한 정보를 제공한다. 심리검사는 중·고등학생용과 대학생·일반용으로 구분된다. 성인 대상 심리검사는 진로개발준비도 검사, 주요능력효능감 검사, 이공계전공적합도 검사, 직업가치관 검사 등이 있다.

워크넷(www.work.go.kr)

워크넷에서는 고용노동부가 성인을 대상으로 하는 12종의 심리검사를 개발하여 제공한다. 온라인 검사의 경우 워크넷을 통해 즉시 결과를 확인할 수 있다는 장점이 있다. 직업선호도 검사, 구직준비도 검사, 창업적성 검사, 직업가치관 검사, 중장년 직업역량 검사, 성인용 직업적성 검사 등 다양한 검사를 받을 수 있다.

업글 인간으로
꾸준히 변신하라

업글 인간이 되어야 하는 시대

예전부터 핸드폰의 운영체제(OS) 업데이트 알람이 주기적으로 울렸다. 늘 귀찮다는 핑계로 알람을 계속 무시하다가 결국 업데이트 버튼을 눌렀다. 그러자 늘 버벅거리던 버퍼링도 사라지고 핸드폰의 속도도 기대 이상으로 훨씬 빨라졌다. 이렇게 핸드폰도 성능을 향상시키려면 업데이트가 필요하듯 사람도 주기적인 업그레이드가 반드시 필요하다.

유럽에서 가장 주목받는 지식경영인 롤프 도벨리(Rolf Dobelli)는 그의 책 《불행 피하기의 기술》에서 "어떤 분야에서 든든한 생각 도구로 무장하지 않으면 삶에서 낭패를 겪기 쉽다. 이런 사고방식과 태도의 모음을 삶을 위한 운영체제(OS)라고 한다"라고 말했다. 혹시 이 글을 읽는 당신은 삶을 위한 운영체제를 잘 운영하고 있는가?

지금은 평생학습 시대라고 말한다, 100세 시대가 도래하고 평생 직장의 개념이 무너지면서 이제는 나의 능력을 키우지 않으면 안 되는 시대이다.

이러한 시대상을 반영하듯이 서울대학교 소비트렌드분석센터가 매년 발표하는 《트렌드 코리아 2020》의 대표 키워드로 '업글 인간'이 소개되기도 했다. 업글 인간이란 '업그레이드'와 '인간'의 합성어로 어제보다 더 나은 나를 위해 끊임없이 성장을 추구하는 사람을 말한다.

많은 전문가들이 앞으로도 이런 업글 인간 트렌드는 전 연령층에 걸쳐 더 확산될 것으로 전망하고 있다. 정말 놀라운 것은 20~30대보다도 40대가 지식 업그레이드를 위해 노력하고 있다는 대답이 가장 많았다는 사실이다.

핑계 대지 말고 나만의 핵심 능력을 갖춰라

나의 인생뿐만 아니라 재취업에 성공하기 위해서는 나만의 핵심 능력을 갖춘 업글 인간이 되어야만 한다. 엄마들은 "공부할 시간이 없다", "육아하느라 바쁘다"라는 말들을 종종 한다. 물론 엄마들은 육아하랴, 집안일 하랴 정말 쉴 틈 없이 바쁜 것이 사실이다. 하지만 이제는 가족보다 나를 사랑하는 마음부터 먼저 업그레이드시켜보자.

나는 정말 잠이 많은 사람이다. 하지만 아이를 키울 때는 그런 나도 180도 달라졌다. 매번 아이가 울면 내 몸은 자동적으로 새벽에도 모유 수유를 했고, 쪽잠을 자더라도 견딜 수 있는 힘이 생겼다. 이런 것들이 가능했던 이유는 무엇일까? 아이를 사랑하는 마음이 너무나도 컸기 때문이다. 이렇듯이 마음만 있다면 못할 것이 없다. 공부도, 재취업도 마찬가지이다. 마음만 있다면 몸은 자연스럽게 따라오게 되어 있다.

요즘은 온라인만 잘 활용해도 나를 업그레이드할 수 있는 좋은 기회들이 너무나도 많다. 우리가 살고 있는 시대는 온라인으로 사이버 대학에 입학해 대학원 석사까지도 취득할 수 있는 시대이다. 심지어는 유튜브로 대학까지도 입학하여 졸업장까지 딸 수 있다. 너무나도 유명한 김미경 강사가 학장으로 있는 MKYU 유튜브 대학이 바로 대표적인 예이다. 나 같은 경우도 평일엔 육아를 하며 주말엔 대학원을 다니면서 국가 자격인 평생교육사 자격증을 온라인으로 수업을 듣고 시험을 봐서 합격까지 했다.

이 외에도 두 눈을 크게 뜨고 찾아보면 '탈잉', '클래스 101' 등 저렴한 비용으로 자기계발을 할 수 있는 온라인 클래스들이 너무나 많다. 곰곰히 생각해보면 아이의 태교를 위해 무거운 몸으로 태교 강의를 찾아가며 들으러 다니지 않았던가. 지금부터는 나의 성장을 위해 강의나 세미나에 참석해보면 어떨까. 이를 통해 스스로의 가치를 높일 수 있을뿐더러 다양한 사람들과 인맥도 만들 수 있는 좋은 기회가 생길 수 있다. 이제는 나의 미래를 업그레이드하기 위해 나를 사랑하는 마음을 키우며 제대로 된 공부를 시작할 때이다.

미국 존 애덤스 대통령의 아내이자 존 퀸시 애덤스 대통령의 모

친인 애비게일 애덤스(Abigail Adams)는 "배움이란 것은 우연히 얻을 수 없다. 그것은 타는 열정으로 구해야 하며 부지런함으로 참여하는 것이다"라고 말했다. 이렇듯이 내가 열정을 가지고 부지런히 공부해야 재취업도 성공할 수 있다.

전문성을 갖추기 위해 자격증을 취득하라

재취업에 성공하기 위해서는 그 분야에 대한 전문성을 갖추어야 한다. 하지만 전문성이라는 것은 함께 일을 해보기 전에는 직접 확인하기 어렵다. 이러한 전문성을 사전에 확인해주는 것이 바로 자격증이다. 따라서 자신이 재취업하고자 하는 분야에서 시너지 효과를 낼 수 있는 자격증이 있다면 반드시 취득하는 것이 좋다.

과거 경력 단절 여성이었지만 재취업에 성공한 분을 최근에 알게 되었다. 그 당시 그녀는 결혼하면 퇴사해야 하는 것을 당연하게 생각했다고 한다. 그렇게 자연스럽게 경력 단절 여성이 되었고, 퇴사 후 한동안은 아이를 양육하는 데만 힘썼다.

하지만 아이가 초등학생이 되자 시간적인 여유가 생겼고 자신의 미래를 곰곰이 생각해보았다고 한다. 한 아이의 엄마로만 살기에는 남은 인생이 너무 아깝다는 생각이 들어 평소 관심 있던 상담 분야에 대한 자격증 공부를 하기 시작했다.

아동심리상담사 자격증, 청소년상담사 자격증 등 해당 분야에 국가자격증을 취득하니 자신감도 생겼고 공부에 대한 열망은 더욱

커졌다. 이후 대학원에도 진학했고 다양한 봉사활동을 하며 상담 분야에 대한 전문 역량을 쌓아나갔다. 현재 그녀는 학교에서 청소년을 위한 상담사로 근무하고 있고 여전히 전문성을 확장시키기 위해 다양한 노력을 하고 있다.

경력 단절 여성이었던 그녀가 재취업에 당당하게 성공할 수 있었던 이유는 무엇일까? 바로 자격증 취득이 새로운 미래의 시작이었던 것이다.

가고자 하는 분야를 먼저 정하라

하지만 주의해야 할 점이 있다. 절대로 목적과 수단을 혼동해서는 안 된다는 점이다. 내가 몸담고자 하는 분야에 전문성을 강화하기 위해 자격증을 취득해야지, 자격증 취득 자체가 목적이 되어서는 안 된다.

과거의 나 역시도 목적과 수단을 혼동했던 시기가 있었다. 오로지 자격증만 많이 취득하면 전문가가 되고 인정받을 수 있을 것이라는 착각을 단단히 했다. 내가 몸담고 있는 교육 분야뿐만 아니라 과거 전공과 관련된 자격증, 미래에 전망이 좋다는 자격증, 유행하는 자격증 등 닥치는 대로 자격증을 취득했다.

그렇게 취득한 자격증만 수십 개이다. 하지만 정작 내가 잘할 수 있는 것은 단 하나도 없었다. 즉 전문가는 되지 못했던 것이다. 그 당시 존경하는 직장 선배가 나에게 이런 말을 한 적이 있다.

"무조건 열심히만 한다고 되겠어? 일을 잘해야지. '○○○ 분야를 떠올리면 ○○○이 잘한다.' 이렇게 바로 떠올라야 전문가야. 자격증을 취득하는 데도 시간과 비용이라는 투자가 들어가잖아. 투자 대비 효과는 있다고 생각해? 결국은 자격증이 중요한 것은 아니라는 말이야. 그 분야에서 열심히 공부해서 전문성을 먼저 키우는 게 우선이야."

그 순간 써 먹지 못해 장롱에서 고이 잠을 자고 있는 수많은 자격증들이 떠올랐고, 목적과 수단을 혼동한 나 자신이 너무나 부끄러웠다. 이 일을 계기로 무작정 자격증 숫자에 목매는 것이 아니라 무슨 일이든 명확하게 방향부터 정립하는 것이 우선이라는 생각을 하게 되었다.

마찬가지로 재취업도 '무작정 자격증만 취득하면 재취업할 수 있겠지'라는 생각을 버려야 한다. 내가 운영하고 있는 회사에도 자격증을 취득할 수 있는 다양한 과정들을 운영하고 있다. 과정에 참석한 이유를 물어보면 참으로 다양하다. 그중에서도 "혹시나 취업하는 데 도움이 될 것 같아서"라고 대답을 하는 사람들이 있다. '혹시나' 도움이 되는 자격증은 없다. 내가 가고자 하는 분야에 '반드시' 도움이 되는 자격증만이 있을 뿐이다.

얼마 전에 만난 한 인사 담당자는 지원자들이 이력서에 해당 분야가 아닌데도 자격증이 많은 것만 어필했다며 "자격증만 가지고 있는 사람들은 이력서 검토할 때 사전에 거른다"라는 말도 한 적이 있다.

우선 자격증을 취득하기 전에 내가 다시 일을 하고 싶은 분야가 어디인지부터 먼저 정하자. 그러고 나서 해당 분야에 필요한 지식, 기술, 태도가 어떤 것인지 알아봐야 한다. 그다음에 정말 실무에 필요한 자격증이 무엇인지, 그 자격증이 정말 필요한지 여부를 따져본 다음에 나의 전문성을 강화하기 위한 공부를 시작해야 한다는 것을 명심하자.

엄마들만의 정보력을
적극 활용하라

아는 것이 힘인 시대

얼마 전 대한민국 상위 0.1퍼센트의 자녀교육 이야기를 다룬 〈스카이 캐슬〉이라는 드라마가 화제가 된 적이 있다. 나 같은 경우 어릴 적 집안 환경도 어려웠을뿐더러 자녀교육에도 전혀 무관심한 부모님 밑에서 자란 터라 드라마 속 이야기는 전혀 현실과 다른 이야기라고 생각했다.

하지만 일찍부터 자녀의 고입과 대입을 준비하는 친한 친구들은 "자녀교육의 절대적 3요소가 있는데 그건 바로 할아버지의 재력, 아빠의 무관심, 엄마의 정보력이야. 그중에서 엄마들의 정보력이 가장 중요해"라고 입을 모아 말하며 드라마의 내용에 100퍼센트 공감하고 있었다.

입시에서도 정보력이 이렇게 중요해지고 있는 이유는 무엇일까?

바로 우리가 정보 홍수의 시대에 살고 있기 때문이다. 이제는 모든 것이 정보로 만들어질 수 있고, 모르는 것이 있으면 인터넷에 접속해 바로 정보를 얻을 수 있는 시대이다. 심지어 내가 강의할 때 어떤 교육생들은 강사가 틀린 말을 하지는 않는지 스마트폰을 켜고 인터넷 검색을 하며 확인을 하기까지 한다.

정말 '아는 것이 힘'인 시대가 온 것이다. 이렇듯 수많은 정보들 중에 누가 빨리 자녀에게 꼭 필요한 정보를 얻고, 정확하게 입시에 활용하느냐가 성공의 관건이다. 정확한 정보가 있어야 다른 사람들보다 빨리 대응할 수 있고, 전략을 세워 입시에서도 성공할 수 있다.

그런데 이러한 정보력이 비단 자녀들 교육에서만 중요한 것은 아니다. 이제는 엄마들의 재취업에서도 정보력이 가장 중요한 시대이다. 자녀의 입시를 위해서만 정보력을 가동할 것이 아니라 엄마들의 장점인 정보력을 적극 발휘하여 제2의 인생을 위한 성공을 거머쥐어야 한다. 드라마에서는 부유층만 정보를 획득하고 실행할 수 있었지만 재취업의 현실에서는 드라마와는 다르다. 엄마들의 재취업 시장에서는 부유층과 서민층의 구분이 절대로 없다. 자신 스스로가 재취업을 위한 코디가 되어 재취업에 도움이 되는 정보를 얻고 재취업을 위한 포트폴리오를 직접 실행해야 한다.

재취업의 성공은 정보력이 좌우한다

재취업 시장은 '정보력의 싸움'이라고 해도 과언이 아니다. 재취업의 성공 여부가 얼마나 빨리 자신에게 맞는 취업 정보를 찾느냐에 따라 달라지는 것이다. 요즘은 거의 모든 기업이 인터넷을 통해서 채용을 한다. 특히 경력자 채용은 소규모로 수시로 하는 경우가 많다. 따라서 남들보다 한 걸음 빨리 정보를 얻을 수 있도록 정보력을 발휘해야 한다.

하지만 엄마들과 대화를 하다 보면 "정보를 얻는 것이 너무나 어렵다"고 말한다. 그뿐만이 아니다. "예전에는 토익 점수만 있으면 취업이 가능했는데 이제는 AI(인공지능)가 역량 검사를 하고 면접까지 본다는 말에 재취업을 포기했다"고 말하기까지 한다. 사회로부터 너무 오랫동안 단절되어 있어 재취업과 관련된 정보를 어디서 어떻게 구해야 할지 몰라 난감해한다.

어쩌면 지금까지 나의 관심사와 동떨어져 있었기 때문에 방법을 모르는 게 당연한 일일 수 있다. 엄마들은 좋은 물건을 어디에서 사야 저렴하게 살 수 있는지에 관한 정보는 잘 알고 있다. 그 이유는 나의 생활과 직결되어 있고 그만큼 내가 관심을 가졌기 때문이다.

"아는 만큼 보이고, 보는 만큼 느낀다"라는 말이 있다. 모든 일들이 관심을 가진 만큼 알게 되고, 경험한 만큼 배운다. 과거의 나는 돈을 많이 벌고 싶다는 생각만 했지 재테크에는 전혀 관심이 없는 사람이었다. 주식과 부동산을 통해 돈을 많이 벌었다는 사람들은 그저 운이 좋았기 때문이라고 생각했다. 하지만 우연한 기회에 주식 투자에 성공한 사람을 만난 적이 있다. 그분과 한참 대화를 나눠 보니 그분이 부자가 된 이유는 단순히 운 때문만은 아니라는 것을 알게 되었다.

그분은 재테크 관련 강의나 세미나가 있으면 다 참석해서 무엇이든 다른 사람들보다 더 빨리 정보를 얻기 위해 힘썼다. 개인적으로도 책을 보며 기업 재무제표, 국내 및 세계 경제 흐름 등 시장 전반에 대해 철저하게 연구했다. 그리고 무엇보다 그분 스스로 많은 인내심과 절제력을 가졌기 때문에 성공을 거머쥘 수 있다는 것을 알게 되었다.

이렇게 재테크도 그 분야에 관심을 가지고 빨리 정보를 얻어 열심히 공부하고 경험을 직접 해본 사람만이 돈을 벌 수 있다. 운은 그 다음 문제이다. 성공한 사람들은 다 그만한 이유가 있기 마련이다.

재취업도 마찬가지이다. 엄마들이 재취업에 성공하기 위해서는 취업하고자 하는 분야와 기업, 취업 시장과 트렌드 등 전반적인 재취업 시장에 관심을 가지며 다양한 정보를 얻어야 한다. 그리고 무엇보다 자신이 두 발로 뛰며 경험해보고 깨닫는 것이 중요하다.

재취업 정보를 얻는 방법

재취업 정보를 얻는 방법은 참으로 다양하다. 가능한 방법들은 다 생각해보고 정보를 얻을 수 있는 최적의 포트폴리오를 짜서 실행해야 한다. 미국의 심리학자인 앤서니 로빈스(Anthony Robbins)는 "정보나 지식은 머리로 이해하는 것이 아니다. 행동으로 옮기고 실천해야 한다"라고 말했다. 이렇게 정보력이라는 것은 실행력과 결합

되었을 때 강력한 힘을 발휘할 수 있다.

SNS와 인터넷을 적극 활용하라

엄마들이 가장 쉽고 빠르게 취업 정보를 얻기 위해서는 시간과 공간의 제약이 없는 인터넷을 적극적으로 활용해야 한다. 인터넷에서 최저가를 찾아 쇼핑하듯 취업 정보를 얻을 때도 마찬가지이다. 요즘 기업들은 SNS를 통한 채용도 적극적으로 하고 있는 추세이다. 관심 있는 기업의 SNS를 유심히 보다 보면 채용공고뿐만 아니라 기업과 관련한 알짜 정보들도 많이 확인할 수 있다.

이 외에도 민간 취업 포털 사이트는 물론 여성 전문 취업 포털을 통해 여성만을 위한 다양한 구직 정보와 취업 정보도 얻을 수 있다 (부록 참조). 어떤 사이트는 재취업에 성공한 여성들의 경험담까지 볼 수 있고 사이버 멘토링까지도 활용할 수 있다. 재취업에 성공한 여성들의 노하우를 따라 하다 보면 취업에 성공할 수 있는 가능성이 더 높아질 것이다.

정부기관의 도움을 받아라

특히 요즘은 정부에서는 중장년층은 물론 경력 단절 여성의 재취업을 독려하기 위해 다양한 지원들을 많이 하고 있다. 망설이지 말고 각 지역에 위치한 노동부의 고용지원센터나 여성을 위한 취업 지원 기관을 직접 찾아가 보자(부록 참조). 인터넷만으로 모든 정보를 알 수 있다고 생각해서는 안 된다. 뭐든지 발품을 팔아야 성공 확률을 높일 수 있다.

각 기관에는 전문 상담사가 상주하고 있기 때문에 이들의 도움을 받는 것이 좋다. 이들은 취업 상담뿐만 아니라 취업에 도움이 되는 교육 프로그램 등 다양한 정보도 제공하고 있다. 그리고 이들이 재취업을 위한 나의 새로운 황금 인맥이 될 수 있음을 명심하자.

꿈을 위한 금맥 지도를
다시 그려라

절대로 단절되지 말아야 할 인적 네트워크

지금은 아이 둘의 육아로 인해 전업맘이 된 대학 동창이 얼마 전에 전화를 걸어왔다.

"요새 아이들과 하루 종일 시간을 보내서 그런지 내 대화 수준도 첫째 아이 나이와 똑같은 다섯 살 수준이 된 것 같아. 가는 곳도 애들과 동네 놀이터 가는 게 다라서 그런지 어떤 때는 내가 첫째보다 더 많이 삐지는 경우도 있다니깐. 너무 답답해서 너한테 전화했어. 오랜만에 어른이랑 대화하니깐 너무 좋다. 이제야 대화가 통하는 것 같아."

나 역시도 아이 둘을 키우며 동창과 비슷한 경험을 했던 적이 있던 터라 격하게 공감하며 대화를 이어갔다. 전업맘이 된 후로 기존에 쌓아왔던 인간관계는 어느 순간 사라지고 대화할 상대가 없다는 동창의 이야기를 들으니 오히려 내가 더 씁쓸한 기분이 들었다.

미국의 유명한 동기부여 전문가 짐 론(Jim Rohn)은 "나는 내가 대부분의 시간을 함께 보내는 다섯 명의 평균이다"라고 말했다. 게다가 세계적인 대문호 괴테(Goethe)조차도 "지금 곁에 있는 사람, 자주 가는 곳이 당신을 말해준다"라고 말했다. 이렇듯 친구가 자기 자신을 "다섯 살이 된 것 같다"라고 하소연한 것은 어쩌면 너무나 적절한 비유였는지 모르겠다.

출산과 육아로 인해 경력은 단절될 수 있지만 결코 단절되지 말아야 할 것이 있다. 그것은 바로 내 이름으로 살면서 만들어온 인적 네트워크이다.

그럼에도 불구하고 전업맘으로 살게 되면 아이와 남편의 네트워크를 더 유지하고 관리하기 시작한다. 물론 이런 네트워크도 필요한 부분이다. 하지만 워킹맘으로 다시 시작하기 위해서는 나를 끌어줄 수 있는 사회적인 네트워크도 반드시 필요하다.

재취업의 경우 인맥을 통해 이루어지는 경우가 많다. 따라서 취업하고자 하는 분야의 인적 네트워크를 활용하는 것이 필요하다. 실제로 재취업 성공 요인을 살펴보면 인맥이 높은 비율을 차지한다. 인맥을 활용한 채용 정보는 다른 사람보다 훨씬 더 빨리 확보할 수 있고 정확하다. 그리고 채용에 영향력이 있는 실무자나 결정권자와 연결되어 취업 가능성을 더 높일 수 있다는 장점도 가지고 있다.

인맥은 내 재산이다

얼마 전 나와 함께 근무했던 전 직장 동료가 관리자급으로 스카우트되어 이직을 하게 되었다는 기쁜 소식을 전해왔다. 그는 새롭게 팀을 구성하면서 같이 일할 수 있는 팀원이 급히 필요한데 혹시 내 주변에 괜찮은 인재가 있는지 물어보았다. 내가 교육업체를 운영하고 있어 업무에 적합한 사람을 추천해줄 수 있을 것이라 기대한 것이다.

그 순간 나는 뛰어난 실력을 갖춘 몇몇 사람을 머릿속으로 떠올렸다. 하지만 그중에서도 나와 주기적으로 연락하며 다시 취업하고 싶다는 마음을 지속적으로 표현한 후배 한 명을 적극적으로 추천해주었다. 그녀는 비록 육아로 인해 경력 단절이 되긴 했지만 긴 공백기가 무색할 만큼 그 자리에서 잘할 수 있다는 확신이 있었기 때문이다.

이렇게 많은 경력직 채용의 경우 주변 사람의 추천으로 이루어지는 경우가 상당히 많다. 과거 나의 경우에도 전에 함께 근무했던 고마운 선배가 나를 추천해준 덕분에 좋은 조건으로 채용이 되었던 적이 있었다.

이렇듯 재취업에 있어 인적 네트워크는 절대 놓쳐서는 안 되는 부분이다. 그래서 인맥을 맺고 친분을 강화하는 것을 '사회적 자본(social capital)'이라고 부르기도 한다. "사람이 재산이다"라는 말이 괜히 생겨난 게 아니다.

사회로 나갈 수 있는 황금 인맥을 만들어라

인생의 성공을 위해서는 마당발이 되어야 할까? 재미있는 사실은 최대한 많은 사람을 아는 것보다 인맥의 구조와 형태가 더욱더 중요한 부분으로 작용한다는 것이다.

미국의 사회학자 마크 그래노베터(Mark Granovetter)는 '약한 연결고리의 강한 힘(the strength of weak ties)'에 대한 논문을 발표했다. 새 직장을 구한 이직자 대상으로 조사를 한 결과 친한 친구보다는 의외로 그냥 알고 있는 사람의 소개로 취직한 사람이 더 많았다는 것이다. 즉 나를 잘 알고 있는 친한 사람은 이직, 사업 등 내 인생을 좌우할 중요한 결정에 큰 도움이 되지 않고 상대적으로 유대관계가 약한 사람들이 나에게 행운과 같은 존재가 된다.

나 역시도 사업을 할 때는 약한 연결고리의 강한 힘을 경험하는 경우가 많다. 새로운 사업 아이디어를 발굴하고 신규 고객을 소개받는 경우는 대부분 나와 거리가 있는 '약한 인맥'을 통해서이다. 그들이 오히려 사업 성공에 있어 큰 도움을 주는 경우가 더 많다. 나는 이들을 약한 인맥이 아니라 오히려 내 인생의 행운을 만들어주는 '금맥', 즉 '황금 인맥'으로 부른다. 마찬가지로 재취업의 성공을 위해서는 나만의 황금 인맥을 만들어야 한다.

매일 나와 비슷한 환경과 취향을 가진 사람들과 어울리다 보면 세상을 바라보는 시각 자체가 좁아질 수밖에 없다. 가끔씩은 내가 노는 물을 달리하여 다양한 사람들과 접촉하고 나의 세계를 더 크게 확장시켜나가야 한다.

내 꿈을 위한 인맥 지도를 다시 그려라

만약 전철을 탄다고 가정해보자. 왼쪽 끝에서 오른쪽 끝으로 가려면 수많은 역들을 거쳐야 한다. 수많은 노선들을 갈아타며 환승할 수 있음에도 불구하고 한 노선만 선택해서 간다면 어떤 일이 벌어질까? 다른 노선의 환승역을 갈아탄다면 한 시간이면 갈 수 있지만 한 노선만 선택해서 가면 세 시간이나 걸린다. 환승역을 갈아타듯이 나와 끊어진 약한 인맥들을 지속적으로 연결하여 내 인생의 새로운 환승역으로 만들면 좀 더 빨리 재취업에 성공할 수 있다.

지금 당장 핸드폰을 꺼내서 저장된 연락처들을 살펴보자. 당신의 핸드폰에는 몇 명의 연락처가 저장되어 있는가? 혹시 그 연락처들 중에서 재취업을 할 때 도움을 줄 사람들은 몇 명이 떠오르는가? 만약 떠오르는 사람이 전혀 없거나, 시간이 한참 지나 생각이 난다면 내 꿈을 위한 황금 인맥지도를 다시 그려야 할 때이다.

인맥지도는 말 그대로 인맥을 지도처럼 정리해놓은 것으로 나의 인맥을 객관적으로 평가하기 위해 반드시 필요하다. 혈연, 학연, 지연, 커뮤니티 등으로 인맥들을 구분하여 나만의 인맥지도를 그려보자. 인맥뿐만 아니라 주기적으로 연락할 수 있는 스케줄도 포함해서 만들면 더욱 좋다.

나의 인맥이 한눈에 들어오는 인맥지도를 만든 다음 내가 일을 하고 싶은 분야에 몸담고 있는 사람은 없는지, 재취업에 도움을 줄 수 있는 사람은 없는지 살펴보자. 망설이지 말고 용기를 내어 그분들에게 적극적으로 도움을 요청해보자.

조금은 부끄럽고 속이 보이더라도 도움을 요청하는 것은 반드시 필요한 과정이다. 그래야 다른 사람들도 당신의 상황을 알고 필요한 조언을 해줄 수도 있다. 아무리 찾아봐도 없다면 그 사람들의 주변 사람들도 생각해볼 수 있다. 우리나라의 경우 "한 사람만 거치면 다 연결된다"라는 말이 정말로 통한다.

다양한 SNS 계정을 활용하여 내가 직접 새로운 인맥지도를 충분히 만들 수 있다. 인연을 찾으면 다 연결고리가 되고 사회생활을 위한 중요한 경쟁력이 된다. 지금 당장 엄마, 아내가 아닌 나의 이름으로 새로운 관계를 맺는 연습을 해야 할 때이다.

나에게도 SNS를 통해 우연히 알게 된 성공한 동종 업계 선배가 한 분 있다. 알게 된 지 얼마 되지 않았지만 오히려 친한 친구들보다 일과 관련한 도움을 많이 받는다. 그분과 친해진 이유는 일이 있든 없든 나보다 먼저 그분께서 근황을 물어보는 연락을 자주 주셨기 때문이었다. 알고 보니 그분은 주변 사람에게 먼저 연락하며 사람들을 꾸준히 관리하고 계셨고, 그래서 그런지 사람들에게 주변에 꽤 괜찮은 사람들이 많은 '사람 부자'로 통했다.

어쩌면 그분이 성공할 수 있었던 이유도 그분만의 인맥지도를 가지고 충분히 활용하고 계셨기 때문이라고 생각한다. 이렇듯 재취업에 성공하기 위해서는 의식적으로 나만의 인맥지도를 만들고 내 주변의 인맥들을 관리할 필요가 있다. 이는 비단 재취업뿐만 아니라 앞으로 인생을 살아갈 때도 큰 도움이 될 것이다.

생각과 행동 사이의
갭을 줄여라

아르바이트 경험을 살려 커피숍 사장님이 된 그녀

"내가 하고 싶은 일을 하고 있는 것이고, 커피숍 근무가 희망사항이었다. 다른 목적은 없고 남들 시선을 신경 쓰지 않는다. 돈과는 상관없이 그저 나의 마음이 중요했다."

예전 한 TV 프로그램에 오정연 아나운서가 출연해서 이런 말을 했다. 그녀는 모두가 알 만한 유명한 아나운서임에도 불구하고 방송에서 커피숍 아르바이트를 하며 최저임금을 받고 있다고 말했다. 하지만 TV 속 그녀의 얼굴에는 부끄러움보다 행복함이 가득 묻어나와 나의 눈길을 사로잡았다.

그녀가 커피숍에서 아르바이트를 하게 된 계기는 이러하다. 그녀 역시도 살면서 인생의 고비가 찾아왔고, 삶의 의욕이 바닥이 아닌 바닥 아래까지 내려갈 정도로 힘든 적이 있었다고 한다. 그 당시

기운을 차려 이것저것 해보고 싶은 것들 중에 대학교 때부터 하고 싶었던 커피숍 아르바이트를 하기로 결심했다.

예전에는 주위 시선에 신경을 쓰고 체면을 차리며 살았지만 이 제는 다시 태어난 마음으로 자신의 마음의 소리에 귀를 기울이기로 다짐한 것이다. 핸드폰 앱을 통해 집에서 가깝고 방송 시간대와 겹 치지 않은 커피숍 아르바이트를 찾았고 최저시급을 받으며 일했다.

재취업에 성공하려면 아르바이트 경험부터 쌓아라

내 주위에도 이렇게 아르바이트를 계기로 사업이나 재취업에 성 공한 엄마들이 많다. 얼마 전 강사의 꿈을 꾸고 있는 한 여성을 만난 적이 있다. 어느 날 TV에 나오는 강사의 멋진 모습을 보며 자신도 강사가 되고 싶다는 생각을 했고, 더 늦기 전에 그 꿈을 이루고 싶다 고 말했다.

몇몇 여성들은 이렇게 그녀처럼 강사의 꿈을 꾸고 나를 찾아오 기도 한다. "강사가 왜 되고 싶으세요?"라고 물으면, "주변에서 저한 테 말을 너무 재미있게 잘한대요", "강사가 멋져 보여서요" 같은 대 답을 많이 한다.

대개 강사라는 직업을 말만 잘하면 되는 사람이라고 오해한다. 물론 강사는 사람들 앞에서 말도 잘해야 하지만 뒤에서 생각도 잘해 야 하는 직업이다. 그리고 말을 잘하기 위해서 책도 많이 읽어야 하 고, 트렌드를 공부하고, 콘텐츠를 발굴하는 등 계속 공부하고 스스로를 꾸준히 단련해야 하는 정말 고된 직업이다.

나는 강사라는 직업을 한마디로 백조라고 표현하기도 한다. 백조가 물 위에 우아하게 떠 있기 위해서 물 밑에서 수많은 발길질을 해야 하듯이 강사도 한없이 화려해 보이지만 뒤에서 수많은 노력을 정말 많이 해야 한다. 가끔 강의 후 교육생의 반응이 좋지 않은 날에는 이불킥을 날리면 그 발길질이 자기 자신한테 날아가 큰 상처를 입기도 한다.

이렇게 사람들은 자신이 직접 경험해보지 않고 직업의 겉모습만 보고 판단해 버리기 쉽다. 자신이 말을 잘한다고 생각해서, 멋져 보여서 강사의 꿈을 꿨지만 실제로 경험해보면 '생각보다' 사람들 앞에서 말하는 것이 어려워서, '생각보다' 멋지지 않아서 포기하는 사람들도 꽤 있다.

이렇게 그 일이 쉬운 것처럼 보여도 직접 경험해보면 생각보다 어려운 일이 정말 많다. 직업은 자신이 직접 경험해보지 않고서는 나에게 맞는 일인지 아닌지 잘 알 수 없다. 따라서 특히 새로운 인생을 위한 직업이라면 더욱더 해당 분야에서 먼저 경험을 쌓아야 한다.

나는 강사가 되고 싶은 그녀에게 바로 강사로 재취업을 준비하기 전에 먼저 교육 운영 아르바이트 경험부터 해보기를 권유했다. TV 속에 나온 화려한 모습만 보고 꿈을 꾸는 것이 아니라 강의를 하기 전과 후의 전체 모습을 보고 제2의 인생을 위한 직업을 신중하게 선택하기를 바랐다. 그녀는 자신의 꿈인 강사를 가장 가까이서 볼 수 있는 좋은 기회라고 생각하고 흔쾌히 아르바이트 경험부터 하겠다고 결정했다.

그 뒤 그녀는 아르바이트를 하면서 많은 강사들을 알게 되었고, 보조 강사로도 활동할 수 있는 기회도 생겼다. 하지만 직접 강사들을 만나보면서 자신이 생각한 것과는 너무 달라 직업에 대한 괴리감을 자꾸 느끼곤 했다. 자신감도 사라져 자신이 잘할 수 없는 일이라는 생각이 들었고, 결국 그녀는 강사가 아닌 다른 직업을 찾고 있는 중이다.

이렇게 그 직업에 대한 꿈을 꾸고 있다면 지금부터라도 해당 분야에서 경험을 쌓는 것이 우선이다. 직업이란 직접 경험해보기 전에는 절대 모르는 일이며, 아르바이트 경험이 재취업을 할 수 있는 소중한 밑거름이 된다.

자동차를 대중화시킨 헨리 포드(Henry Ford)는 "인생은 경험의 연속이다. 때로는 깨닫기 힘들겠지만 경험 하나하나가 우리를 크게 성장시킨다"라고 말했다. 이렇게 경험은 어떠한 방향으로든 자신을 성장시키게 되며 이를 통해 재취업도 가능하게 만들 수 있다. 다시 태어난 마음으로 하고 싶은 것을 먼저 찾고 일에 대한 조건과 형태를 떠나 다양한 경험부터 먼저 쌓아나가다 보면 언젠가는 자신이 원하는 곳에서 크게 성장한 모습을 발견할 수 있을 것이다.

갭 차이를 극복하는 힘을 키워라

요즘 내비게이션은 한 가지 길로만 안내를 해주는 경우가 거의 없다. 편한 길이 우선인지, 최소 시간이 우선인지, 최단거리가 우선인지, 다양한 길로 최종 목적지까지 갈 수 있는 방법을 안내해준다. 다양한 방법 중에 내가 선호하는 한 가지를 골라 최종 목적지로만 가면 그만이다. 목적지까지 가는 방법보다 훨씬 더 중요한 것은 어떤 일이 있더라도 목적지를 잃지 않는 것이다.

"제가 하고 싶은 일과 관련한 경험이 전혀 없는데 과연 할 수 있을까요?"

"이력서는 단 한 장짜리인데 왜 이리 쓸 내용이 없을까요?"

엄마들과 이야기를 하다 보면 꿈과 현실이 다르다고 말한다. 그동안 육아만 했기 때문에 이력서에 쓸 내용이 없다고 말한다. 모 CF 광고처럼 엄마라는 경력이 스펙 한 줄 되면 참 좋으련만 조그마한 종이 한 장에 스펙으로 적어내기란 여간 힘든 일이 아닐 수 없다. 문제는 꿈을 제대로 꾸기 전에 안 될 이유들만 생각하며 미리 꿈을 포기해버리는 것이다. 관련 경험이 없다면 경험을 쌓고 난 뒤 이력서에 쓰면 될 일인데 경험이 없기 때문에 이력서도 쓸 수 없고 재취업도 안 될 거라고 반대로 생각한다.

만약 꿈과 현실 사이에 큰 차이가 느껴진다면 '지행격차(knowing-doing gap)'를 생각해봐야 한다. 아는 것과 하는 것은 엄연히 다르다. 즉 내 삶을 제대로 변화시키기 위해서는 생각과 행동 사이의 차이를 줄여야 한다.

내 삶이 멋지고 화려하게 변하길 기대하지만 여전히 내 삶이 제자리인 이유는 바로 그 갭 차이를 극복하는 힘이 없기 때문이다. 절대 두려워하지 말고 일단 작은 것부터 부딪혀 보는 것에서부터 그 힘의 크기는 커질 수 있다.

꿈과 현실의 갭 차이가 너무 크다고 생각될 때는 내가 현실적으로 할 수 있는 작은 일부터 우선 시작해보자. 요즘에는 정부에서 시행하는 엄마들만을 위한 콘텐츠 공모전들도 많다. 기회가 된다면 공모전에도 참여해서 이력서에 스펙으로 한 줄 추가해보자.

우선 '지금' 내가 할 수 있는 일부터 할 때 '언젠가' 내가 하고 싶은 일에 한 발짝 더 다가설 수 있다. 그리고 재취업에 반드시 필요한 이력서에 채울 이야깃거리도 자연스럽게 생기고, 경험의 결과로 나 자신이 더 많이 성장할 수 있다. 갭 차이를 줄일 수 있는 유일한 길은 경험을 통해서 배우는 것밖에 없다는 사실을 꼭 기억하자.

나만의 브랜드 파워를
만들고 추진하라

영화와 드라마 속 주인공들의 재취업 성공 비밀

아카데미를 휩쓴 영화 〈기생충〉을 보면 아버지 기택으로 등장하는 송강호가 아들의 체계적이고 영리한 전략에 감탄하며 "아들아, 너는 계획이 다 있구나"라는 말을 한다. 결국 아들의 전략대로 가족 구성원 모두를 위장 취업시키는 데 성공한다.

또한 드라마 〈로맨스는 별책부록〉을 보면 경력 단절 여성 강단이로 등장하는 이나영은 훌륭한 실력과 경력을 모두 갖췄음에도 매번 취업에 실패한다. 일자리가 절실했던 강단이는 한 회사의 계약직 모집 공고를 보고 학력과 경력을 낮춰 지원하고 결국 재취업에 성공한다.

이들이 취업에 성공할 수 있었던 이유는 무엇이었을까? 바로 사전에 철저하게 전략을 세웠기 때문이다. 엄마들의 재취업도 이와 다르지 않다. 영화와 드라마에서처럼 재취업에 성공하기 위해 허위로 학력과 경력을 위조하라는 말이 아니다. 재취업에 성공하기 위해 반드시 재취업되는 전략부터 세워야 한다는 뜻이다.

전략이란 전쟁에서 승리하기 위해 이끌어 가는 방법을 말한다. 어떻게 보면 재취업 시장도 수많은 경쟁자들과 싸워야만 하는 피눈물 나는 전쟁터라고 볼 수 있다. 전쟁에서 웃을 수 있느냐 없느냐를 결정하는 것은 바로 체계적이고 영리하게 잘 짜인 취업 전략에서 판가름 난다는 것을 반드시 기억해야 한다.

그런데 나는 왜 재취업이 안 되는 걸까

엄마들은 경력 단절 후 사회에 복귀하고 싶어도 '나이가 많아서 취업이 안 돼', '경력 단절 때문에 회사가 절 안 뽑는 것 같아'라며 재취업이 어려운 이유들만 생각한다. 뛰어난 능력을 가지고 있음에도 불구하고 '경력이 단절된 나를 뽑아주는 회사가 있을까?', '난 아무것도 못해'라며 스스로를 위축시키며 한없이 눈높이를 낮추는 경우도 있다.

육아를 하는 동안 아이한테 "잘한다"라는 칭찬만 했지, 스스로 "잘한다"라고 칭찬하거나 다른 그 누구로부터 "잘한다"라는 말을 듣지 못했다. 그렇기 때문에 오랫동안 직장을 떠났던 여성들은 자신은 '일을 잘하지 못하는 사람'이라는 잘못된 생각과 함께 무력함을 느끼며 자신감도 한없이 쪼그라든다.

그렇게 나에게 맞는 회사와 업무에 대해 전혀 고려하지 않고 무작정 취업만 하면 된다는 생각에 '묻지 마' 지원을 한다. 이럴 경우 취업에는 성공할 수 있겠지만 몇 달 안에 그만두는 경우가 대다수이다. 막상 힘들게 일을 다시 시작했지만 결국 일에 대한 만족도는 떨어지고 회사, 조직문화, 근무 조건 등 내가 다시 경력 단절이 되어야 하는 이유들이 한두 가지가 아니다.

이와는 반대로 '나 정도면 이만큼 대우받아야 하는 건 아닐까?', '내 경력과 이력이면 충분하지 뭐가 더 필요하겠어?'라며 눈높이가 하늘을 찌르는 경우도 있다. 자신만의 확고한 기준을 가지는 것은 재취업에서 무척이나 중요하다. 하지만 내가 생각한 기준 자체가 현실을 직시하지 못하고 과거 지향적이거나 자기중심적일 때 더 큰 문제가 발생한다.

만약 이러한 자신만의 기준이 재취업 시장에서 먹히지 않게 될 경우 이상과 현실 사이에서 큰 괴리감을 느끼게 된다. 구직 활동 기간이 점점 길어지면서 결국은 '역시 나처럼 나이 많고, 경력이 단절된 사람을 뽑아주는 회사는 없어'라고 자기합리화를 하며 재취업을 위한 노력 자체를 포기하고 변하지 않는 세상을 원망만 한 채로 살아간다.

반드시 승리하는 재취업 전략, SWOT 분석 활용하기

예전에 대기업에서 비서로 근무했지만 출산과 육아로 인해 5년

째 경력 단절을 경험한 여성이 있었다. 그녀는 경력 단절을 경험하면서 자신이 누구이며, 지금은 어디에 있는지, 앞으로 어떤 목적지를 향해 갈지 전혀 모르겠다고 말했다. 게다가 오랫동안 세상과 동떨어져 살고 있었기 때문에 재취업 시장이 어떻게 변화하고 있는지도 모르겠다고 두려움을 가지고 있었다.

경력 단절을 경험한 여성들은 대부분 그녀와 같이 말을 하곤 한다. 그동안 내 마음과 몸의 상태를 살피면서 나 자신에 대해서 생각할 여유가 없었기 때문에 당연한 결과이다. 나는 그녀에게 우선 자신의 상황을 객관적으로 바라볼 수 있도록 SWOT 분석을 해볼 것을 권유했다.

처음에 그녀는 자신의 장점조차도 써내려가지 못해 안절부절못했다. 하지만 얼마 뒤 그녀는 철저히 자기 자신과 대화해나가면서 자신의 인생을 재설계했고, 비서 경력을 살려 경영지원 업무 담당자로 당당히 재취업에 성공했다.

이렇게 재취업을 할 때는 주관적인 시각이 아니라 객관적인 시각으로 나를 평가하는 것이 정말 중요하다. 객관적인 시각에서 나의 상태를 냉철하게 바라보는 방법으로는 여러 가지가 있지만 그중에서도 SWOT 분석을 많이 활용한다.

SWOT 분석은 기업의 경영 전략을 수립하기 위해 활용하는 기법으로 기업의 내부환경과 외부환경을 분석해서 강점(strength), 약점(weakness), 기회(opportunity), 위협(threat) 요인을 파악하는 도구이다.

SWOT 분석은 기업뿐만 아니라 개인의 재취업 전략을 세울 때

| 비서 경력을 가진 경력 단절 여성의 SWOT 분석 사례 |

강점(strength)	약점(weakness)
• 대기업 비서 경력 • 자기 관리 능력(외모 등) • 전 직장 인맥 네트워크 • 육아를 통해 단련된 정신력 • 꼼꼼한 성격	• 5년간의 경력 단절 기간 • 자존감과 자신감 하락 • 재취업 시장에 대한 지식 부족 • 자격증 부족 • 불분명한 목표
기회(opportunity)	위협(threat)
• 경력 단절 여성을 위한 무료 교육 • 여성을 위한 정부 지원 정책 • 기업들의 경력 단절 여성 채용 증가	• 재취업 경쟁자의 증가 • 육아, 일을 병행해야 하는 상황들 • 육아에만 올인하길 바라는 시댁

| SWOT 분석을 통한 전략 수립 |

내부 요인 외부 요인	강점(strength)	약점(weakness)
기회 (opportunity)	SO 전략(강점-기회 전략) • 강점을 살려 기회를 활용할 수 있는 방법은 무엇인가? • 기회를 살리기 위해 강점을 발굴할 수 있는 방법은 무엇인가?	WO 전략(약점-기회 전략) • 약점을 보완하여 기회를 살릴 수 있는 방법은 무엇인가? • 기회를 살릴 수 없는 약점은 과감하게 무시할 수 없는가?
위협 (threat)	ST 전략(강점-위협 전략) • 강점을 살려 위협을 피할 수 있는 방법은 무엇인가? • 위협을 피하기 위해 강점을 발굴할 수 있는 방법은 없는가?	WT 전략(약점-위협 전략) • 약점을 보완하여 위협을 피할 수 있는 방법은 무엇인가? • 약점을 보완할 수 없고 위협도 피할 수 없다면 다른 방법은 없는가?

도 충분히 적용할 수 있다. SWOT 분석의 가장 큰 장점은 내부환경과 외부환경 변화를 동시에 파악하여 전체적인 시각을 가질 수 있다는 것이다. 나의 강점과 약점이 무엇인지 구체적으로 파악한 뒤 나

를 둘러싼 외부환경의 기회와 위협을 결합해서 생각해보면 향후 내가 어떻게 행동을 할 것인지 객관적인 의사결정을 내릴 수 있다.

SWOT 분석으로 나만의 브랜드 파워를 만들어라

SWOT 분석을 제대로 하기 위해서는 철저하게 자기 자신에 대해 생각하는 자기점검(self-monitoring)이 필요하다.

여기에는 엄청난 시간과 에너지가 소요되지만 이는 반드시 필요한 과정이라는 것을 명심해야 한다. 지금부터 천천히 다음 질문에 답해보자.

1. 강점: 나의 강점은 무엇인가?

   _____

2. 약점: 나의 약점은 무엇인가?

   _____

3. 기회: 외부환경(경쟁자, 기업, 거시적 환경 등)에서 비롯된 기회는 무엇인가?

   _____

4. 위협: 외부환경(경쟁자, 기업, 거시적 환경 등)에서 비롯된 위협은 무엇인가?

   _____

그리고 좀 더 발전시켜 이를 통해 다음처럼 재취업 전략을 세워보자.

1. SO 전략(강점-기회 전략): 강점을 살려 기회를 활용할 수 있는
   방법은 무엇인가?

   _____

2. ST 전략(강점-위협 전략): 강점을 살려 위협을 회피할 수 있는 방
   법은 무엇인가?

   _____

3. WO 전략(약점-기회 전략): 약점을 보완하여 기회를 활용할 수
   있는 방법은 무엇인가?

   _____

4. WT 전략(약점-위협 전략): 약점을 보완하여 위협을 회피할 수
   있는 방법은 무엇인가?

   _____

이렇게 SWOT 분석이라는 도구를 통해 나의 강점은 살리고, 약
점은 보완하며, 기회는 적극적으로 활용하고, 위협은 제거해나가야
한다. 지속적으로 수정하고 다듬어가는 과정을 반복하다 보면 그러
한 과정을 통해 나만의 브랜드 파워를 만들 수 있다.

자신을 진단하고 전략까지 도출했다면 주변 사람과 상담해보는
것도 좋다. 내 지인은 고민 끝에 재취업을 결심했지만 "너가 사장이
라면 너 같은 사람을 뽑겠어?"라는 남편의 말에 자신감을 상실했다

는 고민을 힘들게 털어놓기도 했다. 이렇듯 힘들게 재취업을 다짐하더라도 워킹맘으로 살아가기 위해서는 가족이나 주위 여건 등 사전에 고려해야 할 사항이 너무나도 많다. 따라서 재취업을 혼자 생각만 하는 것보다는 전폭적으로 지원해줄 수 있는 가족과 함께 고민하고 완성해보면 더욱 도움이 될 것이다.

재취업에 성공한 워킹맘

전자 유통 전문 회사 교육팀, 박나연 파트장

박나연 파트장은 과거 자신의 일을 너무나 즐겼지만 출산과 육아로 인해서 퇴사를 결정할 수밖에 없었다. 하지만 그 당시 경력 단절에 대한 두려움 따위는 없었다. '사람은 열심히만 하면 뭐든지 될 수 있다'라는 마인드를 가지며 살아왔기 때문이다. 힘이 들 때마다 경력 단절이 아니라 선택적 육아휴직을 했을 뿐이라고 스스로 마인드 컨트롤했다.

그녀는 그녀만의 구체적인 목표가 있었기 때문에 아이 둘을 키우면서도 자신의 분야에 대한 공부의 끈을 절대 놓지 않았다. 공백기 동안에도 대학원을 다녔고, 국가 공인 자격증을 두 개씩이나 취득했다. 그리고 재취업할 때까지 자신의 과거 경력을 조금씩 이어갈 수 있도록 남편의 연차를 활용하여 가끔씩 프리랜서 강사로도 활동했다.

거기서 그치지 않고 주변에 있는 지인들에게 다시 취업을 하고 싶다는 의지를 적극적으로 내비치기도 했다. 그러던 중 예전에 함께 근무했던 직장 동료로부터 비상주 조건에서 일을 할 수 있는 현재의 자리를 추천받게 되었고, 면접을 보고 드디어 당당히 모 전자 유통 전문 회사의 교육팀 파트장으로 재취업에 성공했다.

처음 합격 통보를 받았을 때는 한편으론 '나도 할 수 있다'라는 기분 좋은 마음과 '아이를 보면서 과연 일을 할 수 있을까'라는 두려움의 양가감정이 들기도 했지만 일단 한번 시작해보기로 결심했다. 지금은 일을 잘한다는 칭찬을 너무나 많이 받고 있지만 지금의 그녀가 되기까지 처음에는 많은 노력들을 해야만 했다.

업무 시간이 유동적이기 때문에 해야 될 일 또한 더 많다고 느낄 때도 있다. 동시에 아이를 돌보며 일을 하다 보니, 어떤 날에는 둘 다 제대로 못하는 느낌이 들 때도 있고, 하루 종일 일을 하며 나에겐 퇴근이 없다는 느낌이 들 때도 있다.

아이들이 갑자기 아플 때와 출근 일정이 겹칠 때는 많이 속상하기도 했고, 코로나 사태로 인해 일 때문에 어쩔 수 없이 아이들을 어린이집에 맡겨야 할 때는 두려움 또한 컸다. 하지만 그녀는 아이만 봤을 때도 자신이 열혈 엄마는 아니었다는 것을 너무나 잘 경험했기 때문에 이런 마음들은 극복할 수 있다고 말한다. 그리고 무엇보다 엄마가 아닌 오롯이 나 자신으로 사는 느낌이 들어 일하는 지금이 더 행복하다고 말한다.

박나연 파트장은 오랜 공백기를 가진 엄마들이 재취업에 성공하려면 목표와 실행, 이 두 가지가 필요하다고 힘주어 말한다.

▌ 분명한 목표 의식을 가져라

사람에게 있어 분명한 목표 의식을 가지는 것은 정말 중요한 일이다. 엄마들도 육아만 할 것이 아니라 자신의 미래에 대한 구체적인 목표를 가져야 한다. 반드시 재취업을 해야겠다는 목표를 가지고 육아를 하면서 조금씩이라도 할 수 있는 일이 무엇인지 찾고 꾸준히 노력해야 한다. 그러다 보면 어느새 자신도 모르게 그 목표에 도달해 있을 것이다.

❙ 미리 걱정하지 말고 무조건 해보라

여성들은 결혼도 하고, 애도 낳고, 일도 해봐야 한다. 남들 하는 건 무조건 다 해봐야 한다. 인생은 단 한 번밖에 없기 때문이다.

미리 걱정하지 말고 그냥 무엇이든 해보는 것이 중요하다. 그렇게 조금씩 하다 보면 어떻게든 다 되게 되어 있다. 그리고 어쩌면 더 중요한 것은 하기 전에 '나는 반드시 하겠다'라는 자신의 강한 의지이다.

온라인 어학 교육 회사 고객마케팅팀, 지연정 팀장

지연정 팀장은 출산과 육아로 인해 10년간의 경력 단절 기간이 있었다. 하지만 오랜 공백 기간이 무색할 정도로 지금은 온라인 어학 교육 회사의 고객마케팅팀 팀장으로 근무하고 있다. 경력 단절이 있기 전 그녀는 대기업 해외영업지원팀에서 높은 연봉을 받고 근무했다. 하지만 일과 육아를 병행하기 어려운 상황들이 반복되었다. 안정적인 직장과 금전적인 부분이 많이 아쉽기도 했지만 어쩔 수 없이 사직서를 내고 육아에만 전념하기로 결심했다.

오랜 기간 아이를 키우면서 육아만 하니 자연스럽게 무기력함이 찾아왔다. 경제적인 부분 또한 무시할 수 없었다. 아이가 초등학교 3학년이 되자 엄마 역할이 많이 줄었고, 일을 다시 시작해야겠다고 결심하게 되었다.

우연히 친한 친구의 권유로 재택근무가 가능한 시간제 아르바이트를 처음으로 일을 시작하게 되었다. 비록 아르바이트였지만 10년 만에 다시하는 일이었기 때문에 단 한 순간도 긴장을 놓을 수가 없었다.

스스로 '최대한 정확하고 신속하게 일처리를 해야 한다'는 업무 원칙을 만들었다. 그래서 비록 아르바이트 시간이 아니었지만 지속적인 관심을 가지고 자신의 업무뿐만 아니라 동료들이 놓친 업무까지도 챙겨서 일했다. 직원들이 퇴근한 이후 밤늦은 시간까지는 물론이고, 직원들이 출근하기 전 새벽 시간과 주말까지도 신속하게 업무를 처리하려고 애썼다.

회사 사람들 대부분이 "연정 씨는 책임감이 정말 강하다"라며 많은 칭찬을 했다. 결국 회사에서 좋은 평가를 받은 그녀는 아르바이트직에서 정규직으로 채용이 되었다. 그리고 얼마 지나지 않아 고객마케팅팀 팀장으로까지 승진하게 되었다.

그녀는 왕복 세 시간이 넘게 걸리는 출퇴근길도, 주말 출근도 이제는 즐겁기만 하다고 말한다. 내 일이 있고, 출근할 수 있는 회사가 있고, 일을 한다는 것 자체가 자존감을 키워줄 수 있고, 자신의 삶을 즐겁게 만들어주기 때문이다.

지연정 팀장은 오랜 공백기를 가진 엄마들이 재취업에 성공하려면 다음과 같은 세 가지가 필요하다고 말한다.

▌ 과거에 갇히지 말고 시야를 넓혀라

보통은 재취업을 시도할 때 자신의 과거 경력이나 커리어만 살려서 도전하려고 한다. 하지만 오랜 공백기로 인해 원하는 직책이나 연봉을 받지 못하면 실망감은 커지고 자신감은 떨어진다. 이런 경우 과거에 자신이 경험했던 한 가지 분야만 고집할 것이 아니라 시야를 좀 더 넓혀서 여러 방면으로 일자리를 찾아봐야 한다. 두 눈을 크게 뜨고 찾아보면 의외로 생각보다 일할 곳이 많다.

▌ 기회가 왔을 때 용기 있게 잡아라

누구에게나 기회는 찾아오기 마련이다. 자신에게 기회가 올 수 있도록 어느 자리에서나 최선을 다해야 한다. 기회가 왔다는 생각이 들면 주저하지 말고 기회를 바로 잡을 수 있는 용기가 필요하다. 그리고 무엇보다 기회를 잡고 난 뒤가 더 중요하다. 오랜 공백기를 만회한다는 생각으로 그 자리에 안주하지 말고 항상 도전하는 자세로 스스로 성장하는 방법을 찾아야 한다.

▌재취업 분야에 관심을 가져라

재취업하고자 하는 분야에 대한 지속적인 관심은 필수적이다. 요즘같이 급변하는 시대에는 업계의 흐름을 파악하기 위해 최신 뉴스를 매일 체크해봐야 한다. 관련 분야의 사람들과 관계를 맺고 유지하는 것 또한 매우 중요한 부분이다. 일은 사람이 하는 것이기 때문에 사람을 통해 일이 갑자기 자신에게 찾아올 수 있다는 생각을 항상 가져야 한다. 일뿐만 아니라 주변 사람에게도 늘 관심을 갖고 소중하게 대해야 한다.

5장

—

사직서는 넣어둬:
'경계녀'로 살아남는 법

WORKING MOM

성공하고 싶다면
버티는 힘을 길러라

무조건 버텨라

그동안 일하랴, 육아하랴, 늘 바쁘다는 핑계로 계속 미뤄왔던 운동을 얼마 전부터 시작했다. 몇 년 만에 다시 하는 운동이라 그런지 처음에는 고작 1초 버티는 것조차도 너무 힘들게만 느껴졌다. 하지만 필라테스 강사는 계속 나한테 "10초만 더 버티세요"라고 얘기하곤 했다.

운동을 시작한 지 한 달이 지나자 정말 거짓말처럼 5초까지 버티는 힘이 생겼다. 너무나 길게 느껴지던 10초라는 시간도 예전보다 더욱 짧게 느껴졌다.

과거에 부들부들 떨리던 몸도, 거친 숨소리도 시간이 지나니 꽤나 편안해졌고 물렁하던 살들도 점차 근육으로 바뀌면서 참을 수 없었던 고통도 사라지기 시작했다. 조금만 더 단련하면 정말 10초까지 버틸 수 있을 것이란 희망도 생기기까지 했다. 그리고 무엇보다 '나는 할 수 있다'는 자신감이 생기면서 몸 근육뿐만 아니라 마음 근육까지도 함께 생긴 것 같다.

과거 내가 신입 사원이었을 때 직장 생활의 큰 고비가 있을 때마다 선배들은 "3년 만 잘 버텨 봐"라는 말을 하곤 했다. 3년 내 폐업률이 80퍼센트에 육박하는 사업을 시작할 때도 이미 사업을 하고 있는 사업가 선배들은 "무조건 버텨라"라고 입을 모았다. 힘겨운 육아를 할 때도 마찬가지였다. 일찌감치 출산을 하고 육아를 해본 선배들은 "100일의 기적이 올 때까지 버티면 그 이후에는 정말 편해진다"라고 말을 했다.

시간이 지나서 보니 회사, 사업가, 육아 선배 할 것 없이 이미 경험한 모든 선배들이 했던 조언들은 모두 옳았다는 것을 알게 되었다.

마음 근육이 생기는 원리

혹시 근육이 생기는 원리를 아는가? 기존에 있었던 근육들이 찢어지면서 상처가 생기고 상처가 조금씩 아물면서 다시 탄탄한 근육이 생기게 된다. 마음 근육도 마찬가지이다. 힘든 순간을 조금씩 버텼더니 선배들 말대로 상처가 생기고 아물면서 더 단단해진 나를 만날 수 있었다. 예전에는 너무나 힘들었을 일들도 마음 근육이 단단해진 후부터는 아주 사소한 먼지처럼 느껴졌다.

이렇듯 운동이든, 직장 생활이든, 사업이든, 육아든 첫 관문을 무사히 통과하기 위해서는 버티는 힘이 필요하다. 계속 버텨내게 되면 고통을 이겨낼 힘도 자연스럽게 생기고, 결국 지속적으로 잘해나갈 수 있는 힘까지 생기게 된다.

워킹맘의 길을 갈 때도 마찬가지다. 워킹맘은 일과 육아 둘 중에 하나를 포기하고 싶은 순간이 3년 주기가 아니라 하루 세 번 이상씩도 찾아온다. 하지만 그런 순간이 올 때마다 사표를 던지는 것이 아니라 '1일 3깡' 하듯이 버틸 수 있는 깡을 가져야 한다. 그런 깡이 반복되면 자연스럽게 마음 근육도 탄탄하게 생기고, 어떤 어려움이 닥치더라도 이겨낼 수 있는 힘이 생긴다.

"강한 자가 살아남는 게 아니라 살아남는 자가 강한 자이다"라는 유명한 말이 있듯이 직장 생활의 승자도 강한 자가 아니라 끝까지 버티는 자라는 것을 명심해야 한다.

당장 사표 쓰지 말고 더욱더 당당해져라

얼마 전 아끼는 후배로부터 전화 한 통을 받았다.

"선배, 저 회사 그만뒀어요……."

그 후배는 예전부터 '정년퇴직할 때까지 반드시 회사를 다니겠다'라는 뚜렷한 목표를 가지고 자신의 일에 열정을 보였던 터라 갑작스러운 소식에 너무 놀라 퇴사 이유를 물었다.

"임신도 했고, 회사 눈치도 보이고 이래저래 퇴사하는 게 나을 것 같다는 생각이 들어서요. 아이 낳으면 직장 생활하기 힘든 거 맞지요?"

후배는 힘들게 내린 결정에 아이 둘 낳은 엄마 선배로서 자신에게 응원을 보내달라는 눈치였다. 게다가 이미 사직서를 내고 퇴사를 한 후여서 "잘했어! 이제 태교에만 집중해!"라고 그녀의 편을 들어주었지만 솔직히 마냥 박수를 칠 수만은 없는 노릇이었다. 조금만 더 일찍 그녀의 고민을 알았더라면 정말 좋았을 것 같다는 아쉬움이 너무나도 컸다.

그녀의 퇴사의 이유가 단지 '임신을 했기 때문에, 출산 후에 직장 생활을 하기 힘들 것 같아서'였다면 "왜 눈치를 봐? 사표 쓰지 말고 무조건 버텨!"라고 말하면서 그녀를 무조건 뜯어말렸을 것이다.

실제로 일을 하고 있는 많은 여성들이 출산과 육아를 하게 되면서 직장 내에서 하염없이 작아지는 경험을 하게 된다. 하지만 오히려 그 반대로 '일하는 엄마'로서 더 당당해질 필요가 있다.

정신건강의학과 전문의 정우열 저자가 쓴 《엄마만 느끼는 육아 감정》이란 책에는 아이를 키우는 직장인이 아이를 키우지 않는 직장인보다 오히려 직업 생산성이 높다는 연구 결과가 나온다. 아이를 키우면서 책임감, 소속감, 심리적 안정감이 생기기 때문이다. 아이가 하나인 여성보다 아이가 둘 이상인 여성이 직업 생산성이 더 뛰어나다는 재미있는 연구 결과도 나온다.

그러니 회사를 너무 배려한 나머지 당장 사표부터 쓸 것이 아니라 워킹맘으로서 '당당함'이라는 강력한 무기를 하나 더 장착한 다음에 전쟁터라고 불리는 직장에서 승리해야 한다.

하늘의 별따기보다 버티기가 더 쉽다

"다시 일을 하고 싶은데 직장 구하기가 하늘의 별따기보다 더 어려워요."

출산과 육아로 인해 일을 그만두었던 여성들은 다시 일자리를 구하는 데 많은 어려움을 토로한다. 실제로 출산과 육아로 인해 일에서 손을 뗀 다음 워킹맘으로 다시 직장에 복귀하는 것은 결코 쉬운 일이 아니다.

특히 우리나라의 경우 정부가 경력 단절 예방을 위해 많은 대책을 내놓고 있지만 여전히 어린 자녀를 둔 여성들은 미혼 여성보다 일자리를 찾기가 더욱 힘든 것이 현실이다.

기업들의 편견과 고정관념도 큰 문제이다. 경력 단절 여성에 대한 기업들의 인식은 아직까지도 부정적이다. 그 이유를 살펴보면 '긴 공백기로 인해 실무역량이 떨어질 것 같아서', '쉽게 퇴사를 할 것 같아서', '업무 성과가 낮을 것 같아서', '책임감이 낮을 것 같아서' 등등 이유가 너무나 다양하다.

이런 탓에 경력 단절이 길어지면 길어질수록 재취업하기 더욱 힘들어지는 것이 현실이다. 면접까지 시도했지만 회사로부터 연락을 받지 못하는 상황이 지속되면 한때 일했던 여성으로서 자존감과 자신감은 땅바닥으로 곤두박질치기 십상이다.

어렵게 채용까지 되더라도 이전 경력을 완전하게 인정받지 못하게 되는 것도 큰 문제다. 시간제로 채용이 되거나, 연봉이 더 낮게 책정되거나, 수습 기간을 거치고 채용되는 등 근무 형태나 조건도 예전과는 너무도 달라진다.

따라서 무거운 몸으로 출퇴근하기 힘들더라도, 아이 출산 후에 직장에 복귀하기 힘들더라도, 육아와 일을 동시에 해내기 너무 어렵더라도, 워킹맘으로 살기로 결정한 이상 그 어떤 어려움이 있더라도 깡으로, 악으로 버텨내야 한다. 무조건 사직서부터 내는 극단적인 결정을 내려서는 절대 안 된다.

출산이라는 힘든 순간을 잘 견뎌내는 것만으로도 어느 정도 인생의 큰 난관은 이미 극복한 것이다. 직장 생활의 큰 난관인 출산에 따른 업무 후유증은 시간이 지나면서 자연스럽게 사라지게 된다.

이런 시간들을 잘 버텨내면 워킹맘으로서 고통을 극복할 수 있는 탄탄한 마음 근육도 자연스럽게 붙게 된다. 하늘의 별 따기보다 더 어렵다는 재취업보다 다니던 직장에서 버텨내는 것이 어쩌면 더 쉬울 수 있다는 사실을 꼭 기억해야 한다.

소속과 연대의
황금 네트워크를 만들어라

워킹맘은 고통스럽다

"당신은 행복한가요?"

직장인 대상으로 강의를 진행할 때 가끔 나는 이런 질문을 던지곤 한다. 예상하는 것처럼 "행복하다"라고 큰 소리로 대답하는 사람은 거의 없다. 그렇다면 직장인이자 엄마 두 가지 역할을 해야 하는 워킹맘은 어떨까? 많은 워킹맘들이 직장만 다니는 게 아니라 아이까지 함께 키워야 하기 때문에 고통이 배가된다고 고충을 토로한다.

워킹맘이 이렇게 힘든 이유는 무엇일까? 여러 가지 이유가 있겠지만 주변 사람 때문에 고통스러운 경우가 많다. 대부분은 자녀나 남편 때문일 것이라 예상하지만 오히려 그 반대이다. 워킹맘은 가정생활보다는 직장 생활을 하면서 만나게 되는 상사나 동료와의 갈등 때문에 힘든 경우가 훨씬 더 많다.

얼마 전 모 기업의 팀장님과 대화를 나눈 적이 있었다. 그분은 팀을 이끌어 가는 리더로서 팀원 관리를 어떻게 해야 할지 모르겠다며 고민을 털어놓았다. 이야기를 자세히 들어보니 최근 같은 팀 여직원이 육아휴직 후에 복귀를 하게 되었는데 항상 칼퇴근을 한다는 것이었다.

다른 팀원들은 일이 많아서 매일 밤늦게까지 야근을 밥 먹듯이 하는데 어린 자녀를 키운다는 이유만으로 그 직원만 배려하자니 팀의 사기가 떨어지는 것 같다는 고민을 털어놓았다. 심지어는 자신도 어린 자녀를 키우고 있지만 항상 칼퇴근을 하는 그 여직원이 가끔씩 얄미워 보이기까지 한다고 불만을 표출하기까지 했다.

반대로 워킹맘의 이야기를 들어보면 동료들에게 항상 죄인이 된 기분이라고 말하는 경우가 많다. 육아휴직 때문에 함께 일하는 동료들에게 폐를 끼친다는 생각에 괜히 미안해진다. 복직한 후에도 여기저기 눈치를 보게 되고, 워킹맘이라는 다양한 선입견 때문에 직장 생활이 힘들다. 열심히 일을 하더라도 괜히 '엄마라서, 여자라서'라는 소리를 듣게 될까 봐 항상 신경이 쓰인다.

워킹맘, 인생의 멘토를 만들어라

영화 〈인턴〉을 보면 성공한 워킹맘인 주인공 앤 해서웨이가 등장한다. 영화 속 주인공 역시 현실 속의 워킹맘과 별반 다르지 않다. 자신의 일에 매우 열정적인 그녀이지만 일과 가정생활 두 가지를 동시에 해내느라 늘 걱정거리가 가득하다.

하지만 70세의 로버트 드니로가 인턴으로 채용되면서 주인공의 든든한 정신적인 지주이자 멘토 역할을 하게 된다. 주인공이 어려움을 겪을 때마다 멘토는 묵묵히 옆을 지키며 인생 경험을 바탕으로 필요한 조언을 해준다. 결국 주인공은 멘토의 도움을 받아 점차 일과 가정의 균형을 찾아가기 시작한다.

현실도 이와 다르지 않다. 일과 가정이라는 꽉 짜인 틀 안에서 가장 바쁘게 사는 워킹맘에게 멘토는 반드시 필요한 존재이다. 요즘은 기업에서도 워킹맘을 위한 멘토링 프로그램이 많이 운영되고 있지만 회사에 이런 프로그램이 없더라도 스스로 나만의 멘토를 찾아나서는 것이 좋다. 회사 안에서도 찾기 힘들다면 네트워크 모임이나 '헤이조이스(heyjoyce.com)' 같은 여성 커리어 성장 플랫폼을 충분히 활용할 수 있다.

너무나 자명한 사실은 멘토가 구세주처럼 짠 하고 나타나 "힘들지? 내가 너의 멘토가 되어 줄게"라고 먼저 손을 내미는 경우는 거의 없다는 사실이다. 그렇기 때문에 멘토를 찾아 나서는 작업도 워킹맘이 먼저 주도적으로 해야 한다.

워킹맘은 일과 가정생활을 병행하기 때문에 시간 빈곤자라는 사실을 많은 동료들이 잘 알고 있다. 그렇기 때문에 워킹맘 스스로 소중한 시간과 차 한 잔 값을 투자하여 멘토를 만들어나간다면 그 가치는 몇 십 배 더 높아질 수 있다.

실제로 직장 내에서 최고의 성과를 내는 사람은 여러 사람들과

두루두루 인맥을 쌓아가며 자신만의 네트워킹을 잘 유지한다. 그뿐이 아니다. 직장 내에서 성공한 여성들은 대부분 네트워킹 능력이 뛰어나다는 연구 결과도 있다.

"직장 생활을 잘하기 위해서는 썩은 동아줄이라도 잡아야 한다"라는 우스갯소리가 있듯이 직장 생활을 할 때 반드시 필요한 것이 인맥이고, 그들의 아낌없는 지원이다. 이러한 인맥 중 멘토는 워킹맘이 직장 생활을 이어나가기 위한 생명줄이나 다름이 없다. 회사 생활을 성공적으로 유지하기 위해서는 나보다 경험이 많고 전문적인 해결책을 가지고 있는 사람의 도움이 반드시 필요하다.

워킹맘은 가정과 회사생활 등 여러 가지 일을 해야 한다. 그렇기 때문에 직장 내 멘토도 반드시 한 사람만 되라는 법은 없다. 자녀를 잘 양육할 수 있도록 도움을 줄 수 있는 육아 멘토, 조직 적응을 잘 해내기 위한 업무 멘토 등 분야별로 도움을 줄 수 있는 멘토를 찾아보자.

그들에게 적극적으로 고민을 공유하고 도움을 요청하다 보면 시간이 지나 직장 멘토가 아닌 내 인생 최고의 멘토가 되어 있을 것이다.

여자들만의 의리를 만들어라

"도대체 여자들은 의리라는 게 없어, 의리가."

"여자의 적은 여자야."

내가 신입 사원이었을 때 한 여자 선배는 나에게 항상 "여자를 조심해야 해"라는 말을 '같은 여자'인 나에게 조언해주었다. 선배 말에 의하면, 직장 생활을 할 때 여자들은 '같은 여자'가 잘되는 것을 절대 보지 못하고 질투만 한다는 것이었다. 그 당시 나는 '그럼 같은 여자 인 선배를 조심해야 하는 건가?'라는 생각을 잠깐 한 적이 있었다.

과연 선배 말처럼 여자의 적은 여자일까? 여자는 의리가 없을까? 나는 직장 생활을 하면서 오히려 그 반대의 경험을 많이 했다. 개인 적으로 어려움을 겪게 되면 큰 도움을 준 사람은 '같은 여자'였다. 회 사에서 살아남기 위한 방법을 전수해준 사람도 '같은 여자'였다. '같 은 여자'로서 공통 화제와 고민을 계속 나누다 보니 자연스럽게 더 친해지게 되었고 마음을 나누는 사이로 발전했다.

퇴사 후 같이 일했던 남자 동료들과는 가끔 안부만 전하는 사이 가 되었지만 여자 동료들과는 주기적으로 모임도 갖는다. 그리고 현재까지도 그 인연을 계속 이어나가고 있는 중이다. 그녀들과는 이제는 '언니, 동생'으로 부르며 세상에 둘도 없는 가족 같은 존재가 되기까지 했다.

이런 개인적인 경험을 뒷받침하듯이 여성 동료들과의 관계가 남 성들보다 더 끈끈하며 시간이 지나면서 더 강하고 더 상호적으로 발 전한다는 연구 결과도 있다.

워킹맘들과 대화를 나누다 보면 "워킹맘을 누가 승진시켜주겠 어요? 승진 욕심을 버리고 회사 다니고 있어요"라는 말들을 많이 한 다. 빨리 승진하고 싶어도 그럴 수 없는 현실(?) 때문에 자신은 승진 할 가능성이 전혀 없다고 말하기까지 한다.

하지만 승진 가능성이 낮은 것은 단지 고위직에 있는 여성이 적어서 워킹맘을 끌어줄 수 있는 강력한 힘이 없기 때문이다. 자신이 먼저 관리자가 되면 이러한 어두운 현실도 충분히 바꿀 수 있다.

워킹맘으로서 더 빨리 승진하고 싶다면 서로 도와줄 수 있는 여자들만의 의리부터 더 으리으리하게(?) 만드는 것이 좋다. 《하버드 비즈니스 리뷰》 연구 결과에 따르면, 1~3명 정도끼리 강한 유대관계를 맺은 여성들이 그렇지 않은 여성들에 비해 약 2.5배의 권력과 보수를 받는 지도자 자리를 차지했다고 한다.

지금부터라도 워킹맘으로서 직장 생활이 어려운 현실을 탓하기 전에 내가 먼저 '여자들만의 의리'를 만들어 보는 것이 어떨까? 워킹맘으로서 직장 생활에서 성공하기 위해서는 여자의 적(敵)을 같은 여자에게 두는 것이 아니라 여자들만의 적(籍)을 두어야 한다. 동지애와 전우애를 바탕으로 자매애까지 함께 나눈다면 직장 생활에서 더 큰 시너지를 발휘할 수 있을 것이다.

때론 "No!"라고 당당히
말하고 요구하라

협상 테이블에 앉는다는 것

남편: 연봉이 측정되었는데 내가 생각한 것보다 연봉이 너무 낮아. 상사한테 연봉이 너무 낮다고 얘기해야겠어.

나: 뭐라고? 정말 그렇게 이야기하려고?

남편: 나는 작년에 많은 성과를 냈고, 아이도 둘이나 키우고 있어서 이 연봉으로는 생활하기도 너무 벅차다고 말을 할 거야. 만약 연봉을 더 안 올려주면 직장을 그만두겠다고 말해야겠어.

나: 연봉은 이미 결정된 건데 그걸 다시 협상한다고? 올해 더 열심히 일하면 내년에 회사에서 알아서 연봉을 더 올려주겠지. 그러다 미운털 박히면 어떻게 하려고 그래? 그냥 말하지 마.

얼마 전에 남편이 연봉이 너무 안 올라서 불만이라며 회사와 협상을 해야겠다고 말을 꺼냈다. 나는 혹시나 남편이 정말 회사를 그만둘까 봐 걱정이 되어서 협상 같은 건 시도도 하지 말라고 남편을 열심히 말리기 시작했다. 그런데 며칠 뒤 남편은 회심의 미소를 지으며 나에게 당당히 말을 꺼냈다.

"상사와 협상을 다시 했는데 연봉이 기대한 것보다는 못 미치지만 그래도 처음보다는 올랐어. 연봉 오른 기념으로 우리 치킨이나 시켜 먹을까?"

놀랍게도 남편은 자신이 원하는 것을 회사에 당당히 요구해서 결국 원하는 것을 쟁취해냈다. 내가 만약 남편과 같은 상황이었다면 어떻게 했을까? 회사에서 연봉이 측정되는 대로 만족하고 다녔거나, 불만을 말하지 않고 다른 직장을 열심히 알아보거나, 뒤에서 회사 욕을 하며 친한 동료 몇 명에게만 불만을 말하거나, 아마 셋 중에 하나였을 것이다.

이것은 남편과 나의 가장 큰 차이점이었다. 남편은 협상 테이블에 당당히 앉는다는 것이었고, 나는 협상 테이블에 앉는 것조차 시도하지 않는다는 것이었다.

왜 여성의 연봉은 남성보다 적을까?

카네기멜론대의 린다 배브콕(Linda Babcock) 교수 연구팀의 실험에서도 이와 비슷한 일화가 나온다. 남학생들은 다음 학기에 모두

강의를 배정받았지만 여학생들은 전혀 배정받지 못했다는 것이다. 이런 일이 생긴 원인을 살펴보니 남학생들 대부분은 명확히 요구했지만, 여학생들은 그렇지 않았다는 것이다.

이뿐만이 아니다. 린다 배브콕 교수는 남녀가 똑같은 역량을 갖추었다면 남성이 여성보다 조직에서 훨씬 더 빨리 승진한다고 밝히기까지 했다. 이는 남성이 여성보다 협상에 훨씬 능숙하기 때문인데 불평등한 일이 생기게 되면 여성들은 분노하면서 일을 그만두지만, 남성은 정확히 요구해서 원하는 것을 얻는다는 것이다.

승진뿐만 아니라 연봉도 마찬가지이다. 같은 성과를 내더라도 여성의 연봉이 남성보다 적은 경우가 많다. 과연 그 이유는 무엇일까? 독일 최고의 커리어 코칭 전문가 마르틴 베를레(Martin Wehrle)가 쓴 《뮐러 씨, 임신했어?》라는 책에서는 커리어 코치 자이델이 여성의 연봉이 적은 이유로 다음 세 가지를 들었다.

"첫째는 연봉을 정하는 관리자들의 실책 때문입니다. 성과가 아니라 성별로, 목소리 큰 순서로 연봉을 결정하기 때문이죠. 둘째는 여성들의 육아휴직 때문입니다. 휴직을 한 기간 동안 남자 동기들이 한참 앞질러 갈 테니까요. 셋째는 연봉 협상에서 여성들이 자신의 의사를 분명히 전달하지 못하기 때문입니다. 겸손한 것은 좋은데 겸손해도 너무 겸손한 거죠."

이 중에서 첫 번째 이유와 두 번째 이유는 내가 어떻게 변화시킬 수 없는 부분이다. 상사한테 연봉 측정할 때 실수하지 말라고 가르칠 수도 없는 노릇이고, 출산을 했는데 육아휴직을 안 쓸 수도 없는 노릇이다. 하지만 세 번째 이유는 성격 자체가 다르다. 내가 분명히 말하고 당당히 요구하면 충분히 달라질 수 있는 부분이다. 하지만 많은 여성들은 겸손의 저주에서 벗어나지 못한다.

눈치 보지 말고 당당히 요구하라

친한 후배가 한 명 있다. 이 후배는 얼마 전 출산을 하고 육아휴직 후에 직장에 복귀했다. 후배의 이야기를 들어 보니 다른 직원들은 미리부터 겁을 집어먹고 육아휴직 자체를 신청하지 않거나 회사를 너무도 배려한 나머지 퇴사를 결정했다는 것이다.

하지만 후배는 달랐다. 그동안 회사에서 성과를 충분히 인정받았던 그녀였기에 단지 출산과 육아라는 이유 때문에 자신이 부당한 대우를 받아서는 안 된다고 생각했다. 그녀는 회사에 육아휴직은 물론 아이의 등하원 시간에 맞추어 출퇴근 시간을 조정해줄 것을 당당히 요구했다.

회사가 자신의 요구를 들어주지 않으면 이런 회사는 다니지 않는 편이 자신의 미래를 위해 더 나을 것 같아 사표 쓰고 나갈 생각까지도 했다. 과연 이 후배는 어떻게 되었을까? 회사에서 부당한 대우를 받았을까? 전혀 그렇지 않았다.

"당장 직원을 구해서 1년 가르쳐도 이 과장의 반도 못 따라갈 테니 당연히 육아휴직 후 복귀해야지. 가정이 편해야 일도 잘할 수 있으니 원하는 대로 유연하게 출퇴근해. 회사에 엉덩이만 오래 붙이고 있다고 해서 일을 잘하는 건 아니잖아."

그렇게 후배는 회사에서 육아휴직을 쓰고 화려하게 복귀한 최초의 직원이 되었다. 그리고 그녀는 여전히 일과 가정생활의 균형을 이루며 회사에서 인정받으며 일하고 있다. 이처럼 여성들이 원하는 것을 제대로 얻기 위해서는 눈치 보지 않고 당당히 요구하는 연습이 필요하다.

워킹맘의 얼굴은 두꺼워야 한다

협상의 대가인 스튜어트 다이아몬드(Stuart Diamond) 교수는 "협상에서 중요한 것은 기술(skill)이지 성별이 아니다"라며 여성과 남성의 협상은 근본적으로 같다고 말하기도 했다. 하지만 이것은 남녀 모두가 공평하게 협상 테이블에 앉은 뒤에야 통하는 말이다.

협상 스킬을 배우기 전에 먼저 얼굴을 두껍게 만드는 연습부터 해야 한다. 남성들은 앞에서 주장을 잘하지만, 여성들은 뒤에서 주장을 한다. 남성들은 당당히 요구하지만, 여성들은 그대로 받아들인다. 남성들은 가운데 앉지만, 여성들은 사이드에 앉는다. 그 이유는 무엇일까?

"여자 목소리가 담장을 넘으면 안 된다."

"암탉이 울면 집안이 망한다."

옛날부터 전해 내려오는 전통적인 속담들은 여성스럽지 않은 행동(?)이 가져올 역풍을 두려워하게 만들었다. 여성스럽지 않은 행동

(?)을 보이면 다른 사람들로부터 미움을 받게 된다는 세뇌 교육도 한 몫했다.

이는 많은 여성들이 '말을 잘 듣는 사람이 착한 사람'이라는 '착한 여자 콤플렉스'에 걸리게 만들었다. 하지만 착한 여자가 되더라도 모두가 나라는 사람을 좋아할 수 없다. 다른 사람들의 눈치를 보며 아무것도 하지 않는다면 문제는 해결되지 않을뿐더러 오히려 상황을 더 악화시킬 수 있다.

워킹맘이 성공적인 직장 생활을 하기 위해서는 얼굴이 먼저 두 꺼워야 한다. 옛날에는 여자 목소리가 담장을 넘으면 안 되었지만 이제는 워킹맘의 목소리가 담장을 넘어야 조직이 살 수 있다. 옛날에는 암탉이 울면 집안이 망했지만 이제는 워킹맘이 울지 않으면 조직이 울게 된다는 사실을 기억해야 한다.

육아휴직을
전략적으로 활용하라

육아휴직 이후를 대비하라

얼마 전 아이들을 데리고 놀이터에 갔다가 아이 엄마 둘의 대화를 우연히 듣게 되었다. 육아휴직 후 복귀하는 한 엄마에게 다른 엄마가 조언을 해주는 듯했다.

"복직하시나 봐요. 그런데 복직하면 정말 힘들어요. 저도 얼마 전에 육아휴직하고 복직했는데 얼마 안 가 사표를 냈어요. 업무 적응도 안 되고 회사에서 이래저래 눈치도 보였는데 하필이면 코로나까지 터져버린 거죠. 어린이집도 계속 휴원하게 되면서 아이 봐줄 사람이 없어 결국은 사표를 냈어요. 물론 코로나가 아니었더라도 아이 키우면서 회사 다니기는 정말 힘들었겠지만요."

많은 워킹맘들이 아이를 봐줄 사람이 없어 사표를 낸다는 뉴스는 익히 접했지만 가까운 곳에서 이와 비슷한 이야기를 들으니 씁

쓸한 기분이 들었다. 복직을 위한 가장 중요한 조건 두 가지는 '돈'과 '이모님'이라는 말을 할 정도이니 워킹맘이 회사에 다시 돌아가기란 여간 어려운 것이 아니다.

힘들게 아이를 돌봐줄 사람을 구해도 문제가 생긴다. 언제 이모님이 갑작스럽게 그만둘지 몰라 항상 긴장한 채로 회사를 다닌다. 운 좋게 좋은 이모님을 만났어도 아이를 낳은 후 다시 예전만큼 직장에서 안정적으로 자리 잡기가 쉽지 않다.

육아휴직 후에는 승진에서도 자꾸 밀려 왠지 회사에서 찬밥 신세가 된 것 같기도 하다. 그뿐만이 아니다. 긴 공백 후에 업무에 대한 부담감은 물론 가사와 육아 부담감도 결국 워킹맘이 직장을 그만두게 되는 이유들이다.

남편과 새로운 삶의 패턴을 만드는 기회로 활용하라

얼마 전 한 선배가 육아휴직 후에 직장에 복귀하면서 힘들었던 경험을 힘겹게 털어놓았다.

"육아휴직이 문제의 시작이었어. 육아휴직 기간 동안 당연히 내가 집에 있는 시간이 많으니 육아도 집안일도 다 내 몫이 되어버린 거야. 남편은 출퇴근을 하니 팔자 좋아 보이는 내가 집안일을 하는 게 당연하다고 생각한 거지. 물론 나도 이 생각에 동의를 했는데 육아휴직 후에 직장에 복귀를 하고 나니, 더 큰 문제가 생기더라고. 남편도 나도 똑같이 출근해서 일을 하는데도 불구하고 퇴근 후 집안

일은 오히려 내 몫이 되는 경우가 많았어. 육아휴직 기간 동안 둘 다 이전 패턴에 적응해버려서 회사 복귀 후에 그걸 깨뜨리는 데 한참 걸린 거 같아."

나 역시도 선배와 비슷한 실수를 저질렀던 경험이 있었다. 아이가 생긴 후에도 일을 하는 남편의 삶은 별로 변한 게 없는 듯 보였지만 일을 하는 나의 삶은 송두리째 바뀐 느낌이 들었다.

일하는 나는 육데렐라가 되어 매일 아침저녁으로 아이들과 한바탕 전쟁을 치러야만 했지만 남편은 평화로운 삶을 사는 것처럼 보였다. 퇴근 후 소파와 한 몸이 되어 여유롭게 좋아하는 TV 프로그램을 보고 있는 남편을 보고 있노라면 요즘 TV 프로그램이 뭔지도 모르는 나와 비교되어 화가 치밀어 오르기까지 했다.

"여자는 왜 일도 하고, 육아도 해야 해? 왜 나만 힘든 것 같지? 너무 억울해"란 가시가 돋친 말을 내뱉으며 싸움닭이 된 것마냥 일부러 먼저 싸움을 걸기도 했다. 우리 부부가 저지른 치명적인 실수는 내가 일에 복귀한 이후의 삶에 대해서 서로가 대비하지 못한 것이었다.

성공적으로 복직한 후에 워킹맘이 계속 일을 유지하기 위해서는 남편의 지원이 반드시 필요하다. 고군분투하며 하이힐을 신고 힘들게 뛰는 워킹맘이 되지 않기 위해서는 육아휴직 기간을 서로의 역할에 대해 명확히 합의하는 기간으로 만들어야 한다.

둘 다 경험해보지 않았기 때문에 가보지 않은 길이 막막하지만 앞으로 벌어질 일에 대해 깊이 있는 대화를 나누다 보면 분명히 길은 보이게 되어 있다.

육아휴직이 신의 한 수가 되다

"나 이직했어."

"응? 육아휴직 기간 아니었어?"

"육아휴직 기간에 열심히 준비해서 이직했지."

"넌 다 계획이 있었구나!"

얼마 전에 친구가 좋은 직장으로 이직했다며 연락을 해왔다. 아이가 초등학교에 입학해서 육아휴직을 내고 육아에만 집중하고 있는 것으로 알고 있었던 터라 친구의 이직 소식은 너무나 반가우면서도 놀라웠다.

"사실 처음에는 육아휴직을 다 쓰지 않고 빨리 회사에 복귀를 하려고 계획하고 있었어. 그런데 회사가 어려워졌다는 소식을 직장 동료로부터 전해 듣게 된 거야. 내가 복귀하면 소위 말하는 한직으로 발령이 날 가능성이 크다는 거 있지? 출장이 너무 많아 예전부터 이직을 하고 싶긴 했는데 직장 다니면서 애 보랴 집안일 하랴 워킹맘이 이직 준비를 하기가 어디 쉽니? 그런데 어쩌면 이게 나에게 이직할 수 있는 기회가 될 수도 있다는 생각이 갑자기 들었어. 육아휴직 기간 동안 여러 군데 이력서도 쓰고 면접도 보고 했더니 결국 내가 가고 싶었던 회사에 덜컥 합격이 된 거야. 결국은 육아휴직이 나에겐 신의 한 수로 작용했어."

보통은 육아휴직을 출산휴가에 이어서 바로 쓰는 경우가 많다. 하지만 친구는 친정 엄마라는 든든한 지원군이 있었기 때문에 육아휴직을 다 쓰지 않고 그것을 이직의 기회로 활용한 것이 정말 신의 한 수가 되었다.

육아휴직을 인생 보험처럼 활용하라

직장 선배들로부터 "아이가 초등학교에 입학하면 가장 손이 가장 많이 간다", "엄마들과 브런치 모임을 통해 자주 만나야 아이들 관계도 잘 형성된다", "초등학교 첫 단추를 잘 끼우는 것이 가장 중요하다"라는 말을 익히 들어왔기 때문에 친구는 아이가 초등학교에 들어가면 같이 시간을 보낼 수 있도록 육아휴직을 고이 아껴놓았던 것이다.

하지만 막상 육아휴직을 내니 아이를 돌보는 것은 생각보다 어렵지 않았다. 개인적인 시간이 많이 남았고, 그 시간을 자신의 미래를 위한 시간으로 바꾸어 활용했다.

내가 아는 한 선배의 경우도 마찬가지였다. 회사에 육아휴직을 내고 그동안 하고 싶었지만 못 해왔던 공부를 하는 시간으로 활용했다. 다양한 모임을 통해 특정 분야에 전문적인 지식도 쌓으며 다양한 인맥까지 쌓은 선배는 결국 사표를 내고 새로운 사업을 시작했다.

이들의 공통점은 무엇일까? 둘 다 육아휴직을 마치 보험처럼 활용했다는 점이다. 보험은 인생에서 위기가 닥쳤을 때, 가장 중요하고 긴급한 순간에 든든한 버팀목이 되어 준다. 중요하지 않은 순간에 보험의 혜택을 미리 받아 버리면 정작 필요한 순간에 혜택을 받지 못해서 땅을 치며 후회할 일이 반드시 생기게 된다.

육아휴직도 마찬가지이다. 어쩌면 워킹맘에게 있어 육아휴직이라는 것이 인사에 대한 불이익 등 여러 면으로 불리하게 작용할 수도 있지만 달리 쓰게 되면 새로운 '인생 보험'으로 충분히 활용할 수 있는 부분이 있다.

"기회는 준비된 자에게만 찾아온다"라는 말이 있다. 육아휴직 기간을 잘 보낸다는 것은 '육아휴직'이라는 본래 단어 뜻처럼 단순히 육아를 위해 잠시 일을 쉰다는 순수한 의미로만 생각해서는 안 된다. 워킹맘이 성공적으로 복직한 후에 직장 생활을 잘 유지하기 위한 기초 공사가 되기도 하고, 새로운 인생을 위한 연결고리가 될 수 있는 것이 바로 육아휴직이다.

워킹맘이여,
야망을 가져라!

직장인은 어떤 꿈을 꾸는가

기업 강의를 할 경우 신입 사원들을 만날 때가 있다. 그때 신입 사원들에게 "10년 뒤 조직 내에서 어떤 모습으로 있을 것 같아요?"라고 가끔씩 물어본다. 이 질문에 대한 남자 직원과 여자 직원의 대답은 확연히 다르다. 남자 직원들은 거의 반 이상이 임원이라고 대답하지만, 여자 직원들은 그렇게 이야기하는 경우가 매우 드물다.

직장 생활을 꽤 오랫동안 한 워킹맘도 신입 여자 직원들의 대답과 별반 다르지 않다. "10년 뒤 조직 내에서 어떤 모습으로 있을 것 같아요?"라고 물으면 "10년 뒤에 조직 내에서 제가 있기나 할까요?"라고 자신 없는 모습을 보인다. "승진 따윈 욕심 없어요. 꼬박꼬박 정해진 월급 받으며 가늘고 길게 가는 게 저의 목표예요"라고 말하기도 한다.

실제로 많은 워킹맘들은 평가와 승진 등 인사상 불이익에 대한 불안감을 안고 직장 생활을 겨우 유지해나간다. 처음 입사했을 때는 임원까지 갈 것이라는 야망을 가졌던 사람도 워킹맘이 되면서 그런 야망은 어디론가 사라져 버리고 차장까지 가는 것만으로도 감사한 일이라고 생각하기도 한다.

왜 워킹맘들은 직장에서의 비전이 없을까?

삼성경제연구소의 연구 결과에 따르면, "우리 회사에서 고위직으로 승진할 수 있을 것이다"라는 문항에 워킹맘이 아닌 사람들은 32.3퍼센트가 긍정적으로 대답했지만, 워킹맘은 단 17.8퍼센트만 긍정적으로 대답했다고 한다. 이처럼 워킹맘은 직장 생활을 할 때 차별받지 않고 승진할 수 있다는 믿음이 다른 동료들에 비해 매우 낮다.

그뿐만이 아니다. 직장에서 자신의 미래 비전에 대한 자신감마저 부족하다. 관리자들은 조직에서 성장하지 못하는 중요한 이유로 '워킹맘들 스스로 비전을 갖지 않고 낮은 목표를 설정하는 것'을 꼽기도 한다.

더욱 재미있는 사실은 과거에 일과 육아에 대한 어려움을 극복한 고위직 워킹맘보다 현재 어려움을 겪고 있는 새내기 워킹맘이 회사에서 자신의 비전에 대해 훨씬 더 부정적인 시각을 가지고 있다는 것이다. 결국 직장 내에서 '성공한 워킹맘'이라는 역할 모델 자체가 없기 때문에 새내기 워킹맘들도 '이분처럼 되고 싶다'는 회사 내 비전조차 그릴 수가 없다.

비전이란 결국 자신의 미래 모습에 대한 기대감을 말한다. 직장 내에서 미래 모습을 기대하지 않으니 비전 자체가 없을 수밖에 없고, 목표가 없으니 시간이 지나더라도 당연히 그 자리일 수밖에 없다.

그래서 그런지 몰라도 2020년 '세계 여성의 날'을 맞아 CEO스코어가 조사한 결과에 따르면, 국내 200대 상장사 등기임원 가운데 여성은 100명 중 단 3명에 불과했다. 포브스(Forbes)가 선정한 미국 200대 기업의 등기임원의 경우 4명 중 1명이 여성인 것에 비하면 정말 초라한 수준이다.

물론 현실적인 목표를 세우는 것도 상당히 중요한 부분이다. 하지만 사람은 목표를 높게 잡아야 그 목표를 달성하기 위해 더욱 노력하게 된다. 이와 반대로 목표 수준을 낮게 잡게 되면 노력하지 않아도 목표를 쉽게 이룰 수 있기 때문에 결과물 자체도 자연스럽게 낮아지게 된다. 목표를 10에 두었다가 5까지 달성하는 것과 20에 두었다가 10까지 달성하는 것은 똑같이 50퍼센트를 달성했지만 결과 자체는 엄연히 다를 수밖에 없다.

꿈을 잘 꾸는 것도 실력이다

이탈리아의 천재적인 예술가인 미켈란젤로(Michelangelo)는 "목표를 지나치게 높이 잡아 그 목표를 달성하지 않는 것보다, 목표를 지나치게 낮게 잡아 무난히 달성하는 것이 더 위험한 법이다"라고 말했다. 미켈란젤로 자신이 그런 말을 해서 그런지 몰라도 실제로 그는 많은 것들을 이루어냈다.

한 가지 직업도 제대로 해내기 어려운데 그는 건축가, 조각가, 화가, 건축가, 시인 등 다방면에서 천재적인 예술가로 이름을 알렸다. 그뿐만이 아니다. 예배당의 드넓은 천장에 4년에 걸쳐 천장화를 그려〈천지 창조〉라는 대작을 남기기도 했다.

모두가 불가능하다고 말했던 것들을 미켈란젤로가 해낼 수 있었던 이유는 무엇일까? 나는 미켈란젤로 자신이 삶을 살아가는 데 있어 늘 목표 수준을 높게 잡았기 때문에 많은 것들을 이루었고, 그에 따른 결과도 당연히 좋았던 것이 아닌가 생각한다.

어떻게 보면 꿈을 잘 꾸는 것도 그 사람의 실력이다. 꿈은 결국 미래 자신의 삶의 질을 결정하기 때문이다. 우리의 삶 자체가 자신이 만든 그림이기 때문에 현재 자신이 원했던 삶을 살고 있지 않다는 생각이 든다면 꿈을 제대로 그리지 못한 것이다.

미국의 심리학자 윌리엄 제임스(William James) 박사는 "신념이 지지하는 마음의 그림은 잠재의식에 의해 현실화된다"라고 말했다. 무엇이든 생각하는 일은 반드시 생각대로 이루어지고 사고가 곧 현실이 된다는 뜻이다. 그 외에도 다양한 심리학 연구를 통해 사람의 마음, 뇌, 꿈의 실현과의 관계들이 밝혀지고 있다. 마음속 꿈을 구체적이고 생생하게 그리는 사람만이 원하는 인생을 살 수 있다는 것이 과학적으로도 증명이 되고 있다.

"Working moms, be ambitious!"

"도대체 야망이 없어. 좀 더 큰 야망을 가져봐."

엄마들은 종종 아이들에게 야망을 가지라고 말한다. 얼마 전 만났던 한 워킹맘은 예전에는 의사가 되겠다던 아이가 지금은 평범한 직장인이 되겠다고 선언했다며 이럴 땐 어떻게 해야 하는지 고민을 털어놓은 적이 있다.

아마도 아이들이 더 큰 꿈을 꾸고 성공하길 바라는 마음은 이 세상에 있는 모든 부모들이 다 똑같을 것이다. 하지만 아이가 야망이 없다고 밀어붙이기 전에 워킹맘 자신의 야망을 키우는 것이 먼저여야 한다.

야망이란 무엇인가를 이루어보겠다는 희망을 말한다. 야망이 있어야 목표를 향해 끊임없이 노력할 수 있는 원동력이 생긴다. 결국 내가 바라는 것을 얻었을 때는 이루 말할 수 없는 성취감도 느낄 수 있다.

진정으로 자신이 원하는 욕구가 무엇인지 발견하고, 직장 내 야망을 가진다면 결국 자신이 원하던 모습이 될 수 있다. 그러한 모습은 또 다른 워킹맘에게 꿈과 희망을 주기도 한다. 그렇기 때문에 워킹맘들은 자신이 상상하는 것 이상으로 더욱더 야망을 가져야 한다.

《린인》을 쓴 페이스북의 2인자인 셰릴 샌드버그(Sheryl Sandberg)는 일과 가정 사이에서 고군분투하는 여성들에게 "여성은 자신을 끊임없이 과소평가한다. 야망을 가지면 사랑받지 못할 것이라는 두려움을 떨쳐라. 여성은 내면의 장애물부터 없애야 한다"라고 조언하기도 했다.

"Boys, be ambitious(소년들이여, 야망을 가져라)"라는 너무나도 유명한 명언이 있다. 이제는 시대가 많이 변했고, 지금도 역시 빠른 속도로 변하고 있다. 이 명언도 이제는 "Boys and girls, be ambitious(소년과 소녀들이여, 야망을 가져라)"로 변해야 한다. 더 나아가서 직장 생활을 할 때는 "Working moms, be ambitious(워킹맘들이여, 야망을 가져라)"로 변해야 한다.

성공을 위한
새로운 꼬리표를 달아라

왜 직장 상사들은 여우 같은 직원을 좋아할까

얼마 전 친한 후배는 나를 보자마자 울분을 터뜨리기 시작했다.

"언니, 어쩜 회사가 이럴 수 있어? 얼마 전에 승진자 발표가 났는데 나보다 한참 후배인 남직원이 관리자로 승진을 한 거야. 우리 회사는 여자 비율이 남자보다 훨씬 많은데도 불구하고 어떻게 된 게 죄다 남자들만 관리자가 되는 거야? 나는 매일 야근에, 주말도 없이 회사에 몸 바쳐 묵묵히 일했는데 이게 말이나 돼?"

자신의 일에 최선을 다하며 일도 꽤나 잘하는 후배가 승진하지 못한 이유는 대체 무엇일까? 유추해보건대 묵묵히 일만 했던 것이 후배의 잘못이라면 잘못이었다.

과거에 나 역시도 회사생활을 할 때 후배와 같은 실수를 저지르기도 했다. 상사가 시키면 무슨 일이든지 마다하지 않았고, 아무리 힘들더라도 힘든 티 안 내고 조용히 일만 했다. 그래서 동료들로부터 "진짜 소처럼 열심히 일을 해"라는 칭찬 아닌 칭찬을 듣기도 했다. 하지만 온갖 어려운 일을 다 해내더라도 회사로부터 충분히 인정받고 있다는 느낌이 들지 않았다.

결국 연말평가 기간에 상사와 면담을 하는데 "열심히 일을 하긴 하는데, 서연 씨 성과가 뭔지 잘 모르겠어. 무슨 일을 하는지 평소에 어필해야지 내가 알지"라는 뼈아픈 말을 들었다. 소처럼 일만 했더니 나중에는 진짜 소가 되어버렸다는 사실을 그때서야 깨닫게 된 것이다.

반면에 조그만 것 하나라도 티를 내는 여우 같은 직원들은 달랐다. 그들은 일을 하면서 힘들면 힘들다고 상사한테 어필했고, 잘하면 잘하고 있다고 더 많이 어필했다. 결국 어필한 만큼 더 많은 연봉을 받고, 어필한 것보다 더 높이 승진한 것은 여우 같은 직원들이었다.

남자들은 곰 같은 여자보다 여우 같은 여자를 좋아한다는 말이 있다. 이와 비슷하게 직장 상사들은 소 같은 직원보다 여우 같은 직원을 훨씬 더 좋아하는 듯했다. 신기하게도 직장 생활을 할 때만은 대부분의 남성들이 여우 같은 직원으로 변하는 것처럼 보였다.

남자 직원들은 퇴근 후에도 상사들과 자주 술자리를 갖는 것은 물론 같이 담배를 피우며 그들만의 강력한 네트워크를 만들어갔다. 한 남자 후배는 회사의 알짜배기 소식은 회사 건물의 흡연구역에서 듣게 된다는 것을 알고 힘들게 끊은 담배를 다시 피우기도 했다. 어떤 남자 선배는 후배들한테까지 '능력이 없는 선배'라는 평가를 받고도 한 가정의 가장이라는 것을 강력히 어필해서 힘겹게 승진을 하기까지 했다.

스스로 능력을 빛낼 줄 알아야 한다

과거 미국에서 재미있는 실험을 한 적이 있다. 남녀 대학생 대상으로 두 번에 걸쳐 앞으로의 자기 성적을 예상해보라는 실험이었다. 한 번은 종이에 적게 하고, 한 번은 사람들 앞에서 발표를 하도록 시켰다.

결과는 어떻게 되었을까? 남학생의 경우 예상 수치가 두 번 다 같았지만, 여학생들은 사람들 앞에서 발표할 때 훨씬 점수를 낮춰서 말했다. 여학생들의 경우, 점수를 높게 말하면 사람들한테 잘난 척하는 것 같아 두려운 마음이 컸던 것이다.

이와 비슷한 상황은 워킹맘들이 회사생활을 할 때도 여실히 드러난다. '여성 = 겸손'이라는 머릿속 공식을 가지고 회사에서 성과를 냈음에도 불구하고 전혀 티를 내지 않는다. 더 나아가서는 바다같이 넓은 엄마의 마음으로 자신의 공을 동료의 공으로 돌리기까지 한다.

언젠가는 자신을 알아봐줄 것이라 생각하고 가정에서도 직장에서도 쉴 틈 없이 더욱 열심히 일한다. 하지만 직장 생활이 끝나기 전에는 그 언젠가란 결코 없다는 사실이다.

"오빠, 오늘 나 뭐 달라진 거 없어?"라는 질문이 남자들을 제일 벌벌 떨게 만드는 질문이라고 한다. 게다가 남자들이 가장 기피하고 싶은 질문 1위로 꼽히기까지 했다. 남자친구가 여자친구의 달라진 부분을 찾는 것은 보물찾기를 하는 것보다 훨씬 어려운 일이다.

결혼생활을 할 때도 육아와 집안일을 도맡아 하면 남편이 알아 줄 것이라 기대하지만 연애할 때와 마찬가지로 잘 알아채지 못한 다. 직장 생활에서도 티 내지 않고 자신만 성실하게 일하면 상사가 알아줄 것이라 기대하지만 이는 착각에 불과할 뿐이다.

힘들게 아이를 들쳐 업고 죽어라 바닥까지 쓸고 닦고 하더라도 남편이 청소한 걸 못 알아보듯 직장 상사도 내가 한 일을 알지 못한다.

리더란 '아주 많은 것에 대해 아주 조금씩만 아는 사람'이라는 말이 있다. 상사는 너무 바쁘기도 할뿐더러 상사의 눈이 한 군데에만 머물러 있을 수만은 없는 노릇이다. 능력이라는 것은 그 자체로 빛나지 않기 때문에 다른 사람들이 그 능력을 볼 수 있도록 워킹맘 스스로 빛을 낼 줄 알아야 한다.

새로운 꼬리표를 달고 성공의 날개를 펼쳐라

"내 마음을 알기나 해?"

"사랑한다고 말하지 않는데 어떻게 알아?"

드라마에서 남녀가 싸울 때 자주 보았던 대사라고 생각하기 쉽지만 알고 보면 일상생활에서도 종종 저지르는 실수이기도 하다. 연인은 물론 부부, 친구, 부모 자식 간에도 제대로 표현하지 않아서 오해를 불러일으킨 경험이 모두 있을 것이다.

'말하지 않아도 알아요'라는 말은 모 상품 광고의 CM송에나 해당되는 말이다. 사랑한다는 마음을 제대로 표현해야 상대방이 알 수 있듯이 워킹맘도 자신감을 가지고 자신의 능력을 적절히 어필해야 직장 생활에서 성공할 수 있다.

하지만 워킹맘들이 회사에서 저지르는 실수 중 하나는 직장에서 나의 능력보다 아이의 걸음마 능력을 더 자랑한다는 것이다. 직장에서 나보다 아이에 관해 더 말을 많이 하게 되면 '일보다는 육아'라는 꼬리표가 달릴 뿐이다.

심리학 이론 중에 '꼬리표 효과'라는 것이 있다. 그 어떤 것이든 고정관념이라는 마음의 틀에 갇히게 되면 객관적 특성은 무시되고 프레임에 의해 꼬리표가 붙게 된다는 것이다. 이는 물건에 라벨이 붙으면 라벨에 적힌 그대로 믿는 것과 같은 원리이다. 마찬가지로 사람도 '저 사람은 저런 스타일이야'라는 꼬리표가 붙으면 새로운 꼬리표를 다시 달기가 쉽지 않다.

워킹맘들은 일을 열심히 하면 '가정에 소홀하다', '아이가 제대로 크지 않는다'라는 꼬리표가 붙는다고 말한다. 반면에 일을 평소대로 하면 '일보다는 가정을 우선시한다', '육아하느라 일에 집중하지 못한다'라는 꼬리표가 붙는다고 말한다.

워킹맘이라는 이유 하나로 직장 내 편견과 고정관념을 극복하고 직장에서 실력을 제대로 인정받기란 정말 쉽지 않다. 이를 극복하기 위해서는 자신이 스스로 만든 꼬리표를 새롭게 달고 실력을 증명해내는 수밖에 없다.

대부분의 사람들은 다른 사람의 실제 능력이 아닌 겉으로 보이는 능력을 통해 평가한다. 다른 사람의 능력을 제대로 알 수 없기 때문에 능력을 제대로 보여주는 것이 곧 그 사람의 실력이 된다.

스페인 작가인 발타자르 그라시안(Baltasar Gracián)은 "자랑하는 법 익히기. 이는 재능에 조명을 비추는 일이다. 각각의 재능에는 유리한 시간이 있는 법이니, 이 시간을 이용해야 한다"라고 충고하기도 했다.

워킹맘으로 성공의 날개를 달고 싶은가? 그렇다면 '여성 = 겸손'이라는 낡은 꼬리표를 떼고 '워킹맘 = ○○○'이라는 새로운 꼬리표를 스스로 달아보자. 다른 사람에게 보여지는 능력을 높이는 기술을 갖게 되면 자신의 실제 능력도 높아지는 경험도 하게 된다. 이는 곧 직장 생활에 있어서 워킹맘의 성공 날개가 되어줄 것이다.

삶의 키워드가 되는
라이프 플랜을 짜라

자신에 대해 생각하는 것도 연습이 필요하다

우연한 기회에 가수 이소은의 강연을 들은 적이 있다. 어린 나이에 가수로 데뷔하여 지금은 미국에서 국제변호사로 왕성한 활동을 하고 있는 그녀는 이력부터가 너무나 특이하면서도 화려하기까지 했다. 그 당시 한국 시간으로 새벽 5시에 도착하여 시차 적응도 제대로 안 된 채 강연을 하는 것을 보고 정말 대단한 여성이라는 생각을 했었다.

"우리는 자신이 스스로를 사는 것보다 외부에 의해 살아가는 것이 훨씬 많은 것 같아요"라는 말을 시작으로 그녀의 강연이 본격적으로 시작되었다.

"과연 내 삶을 나타내는 키워드는 무엇일까? 과거의 키워드와 내면의 키워드는 무엇일까? 이런 질문들을 자신에게 수도 없이 던지면서 먼저 내면의 목소리에 귀 기울여야 해요."

그동안은 내 삶의 키워드에 대해 깊이 있게 생각해보지 못했지만 그녀의 강연을 통해 내 삶에 대해서 깊이 생각해보게 된 계기가 되었다.

'나는 과연 나답게 살고 있을까? 내가 의도한 대로 살고 있을까?'

과거를 돌이켜 보니 나 자신의 의지보다는 타인의 기대에 맞추어 나의 삶이 아닌 타인의 삶을 살았던 경우도 있었던 것 같았다.

얼마 전에 만났던 한 친구는 주입식 교육 탓인지 몰라도 인생에서 항상 주어진 답만 있는 줄 알았다고 한다. 직업을 선택할 때도 '생계를 위해서', '근무 조건이 좋아서', '다른 사람들이 이런 일을 하길 원해서' 등 자신의 의지보다는 타인의 의지대로 선택했다고 한다.

하지만 이제 아이를 낳고 한 아이의 엄마가 되니 아이의 미래와 함께 자신의 미래에 대해서도 자연스럽게 생각하게 되었다고 한다. 하지만 아무리 자신의 미래에 대해서 생각해보려고 해도 선명하게 그려지지 않는다고 고민을 털어놓았다.

그래서 '뭐든지 시작해보자'라는 생각에 직장을 다니며 아이를 키우면서도 바쁜 시간을 쪼개고 쪼개서 드론 자격증, 코딩 자격증 교육 등 요즘 핫하다는 교육은 모조리 신청해서 듣고 있다고 했다. 그런데 문제는 정말 열심히 바쁘게 살고 있는 것 같긴 한데, 이렇게 하고 있는 것이 자신이 진심으로 원하는 미래인지 모르겠다는 것이었다. '자신이 무엇을 원하는지, 어떤 사람이 되고 싶은지, 어떤 일을 하고 싶은지' 깊이 생각해본 적도 없을뿐더러 이때까지 자신이 의도한 대로 살아오지 않았기 때문에 어쩌면 친구의 고민은 당연한 결과였다. 자신에 대해 생각하는 것도 꾸준한 연습이 필요한 법이니까.

이 일을 언제까지 할 수 있을까

"회사 그만두면 앞으로 뭘 하며 살아야 할까?"

40대에 접어든 직장인 친구들을 만나면 빠지지 않고 이런 고민을 털어놓는다. 물론 이 고민은 학교를 다닐 때도, 직장을 다닐 때도, 사업을 할 때도 계속 끌어안고 살고 있는 것 같다. 아마 장담하건데 우리가 죽을 때까지 이런 고민은 계속될 것이다.

이렇게 우리는 인생을 살면서 고민과 불확실함이라는 것을 항상 가지고 살아간다. 보통은 불확실함 자체를 두려워하고 부정적으로 생각하기 마련이다. 하지만 가수 이소은이 내린 불확실함의 정의는 아직까지 내 머릿속에 선명하게 남아 있다.

"불확실함이 있기 때문에 더 많은 기회가 주어지고, 나 자신을 점검할 수 있는 횟수가 늘어나고, 내 삶을 스스로 개척할 수 있어요."

그녀 역시도 '고민'과 '불확실함' 속에서 변호사가 되겠다는 생각보다는 낯선 환경에서 자신을 실험하고 시야가 넓어졌으면 좋겠다는 생각에서 자신의 삶을 개척했다는 것이다. 그렇기 때문에 불확실함이 항상 나쁜 것만은 아니고, 어쩌면 새로운 기회를 가질 수 있도록 도와주는 힘이 될 수 있다.

"이 일을 언제까지 할 수 있을까요?"

마찬가지로 직장을 다니면서 이런 고민을 하는 워킹맘들을 주변에서 많이 본다. 일과 육아를 동시에 하기에 너무 힘들뿐더러 직장에서 더 이상의 발전은 없을 것 같다고 말하기도 한다. 문제는 그걸 알면서도 불확실함 때문에 쉽게 용기 내어 행동하지 못하는 사람들이다. 결국 안전한 직장에서 연차만 쌓으면서 그 자리에 계속 머무르며 아까운 시간만 흘려보낸다.

평생 죽을 때까지 회사를 다닐 수 있으면 정말 좋겠지만 그럴 수도 없는 노릇이다. 시간이 흘러 그동안 몸담았던 회사를 언젠가는 나와야 할 때가 반드시 온다. 이때 연차와 퇴직금은 차곡차곡 쌓여 있을지 몰라도 가장 중요한 자신의 커리어는 멈추어 있었다는 사실을 발견하게 될 수도 있다. '그동안 회사에서 커리어를 쌓지 않고 그동안 뭐했을까?'라는 후회를 할 때는 이미 늦어버린 뒤이다.

연차가 쌓인다고 다 커리어가 되는 것은 아니다

결국 연차라는 것 자체가 개인의 성장과 변화를 말해주는 것은 아니다. 연차가 쌓인다고 해서 커리어가 쌓이는 것도 아니다.

나의 경우도 마찬가지였다. 과거에는 직장과 나를 동일시하며 직장을 오랫동안 다니면 나의 커리어도 자연스럽게 쌓일 것이라 착각을 했었다. 하지만 직장을 나와서 보니 직장이라는 것은 나의 껍데기에 불과할 뿐이라는 것을 깨달았다.

직장이라는 껍데기를 벗어버리면 온전히 나란 사람만 남게 된다. 나만 남았을 때 나 자신이 알맹이가 꽉 찬 사람이었는지 아니면 속 빈 강정이었는지 그대로 드러난다. 안이 텅텅 비었음을 알았을 때, 세상은 참으로 무섭다. 사람들이 말하는 '회사는 전쟁터, 바깥세상은 지옥'이라는 것을 온몸으로 실감하게 된다.

바깥세상이 지옥이 아닌 천국으로 느껴질 때를 위해 직장이라는 든든한 보호막이 있을 때 나라는 알맹이의 속을 꽉 채울 수 있는 좋은 기회로 삼아야 한다. 조그만 것에 흔들리지 말고 장기적인 라이프 플랜을 짜고 멀리 보고 달려야 한다. 어쩌면 '이 일을 언제까지 할 수 있을까?'에 대한 고민이 드는 시점이 바로 내 커리어와 인생에 대한 생각을 시작해야 할 때이다.

과연 자신이 불확실함이라는 것 자체를 두려워하고 있지 않는지도 생각해볼 문제이다. 직장 안에 있어도 불안하고, 직장을 나와서도 불안하고, 어쩌면 불안함이라는 것은 죽을 때까지 사라지지 않는다. 이런 불확실함 가운데에서 무엇보다 자신이 성장하고 싶은 방향에 대해 먼저 생각하는 게 중요하다.

만약 과거에 자신이 아닌 타인의 의지대로 살았다면 현재 시점부터는 명확한 의지를 가지고 의도적으로 사는 것이 무엇보다 중요하다. 이 시점부터는 자신의 인생에서 연차가 아닌 커리어를 어떻게 쌓아야 할 것인지 충분히 고민하고 선택하고 행동으로 반드시 옮겨야 한다. 뭐든지 두려워하지 말고 용기와 행동력을 가질 때 진짜 나를 발견하고 나다움을 찾을 수 있는 좋은 기회가 될 것이다.

경계녀로 성공한 워킹맘

'쉬어로즈' 신한카드 첫 여성 임원, 김효정 상무

김효정 상무는 카드업계 1위인 신한카드의 최초 여성 임원이다. 임원이 되기까지의 여정은 그렇게 쉽지만은 않았다. 당시에는 아이가 있으면일을 그만두는 것이 관행이었기 때문에 남자 후배들한테 승진에서 밀리기도 했다. 임신 8개월까지도 야근을 해야 했고, 출산 후에도 60일만 쉬고 복귀하기도 했다. 출근하다가 다리에 힘이 풀려 계단에서 넘어진 적도 있었고, 모유가 멈추지 않아 한 달간 고생하기도 했다.

그렇게 힘든 시기를 거쳐 그녀는 결국 신한금융의 첫 여성 임원이 되었고, '신한 쉬어로즈'라는 여성 인재 육성 프로그램 1기 출신으로 많은 후배 여성 인재들에게 꿈과 희망을 주는 역할을 하고 있다.

신한카드 첫 여성 임원인 김효정 상무는 워킹맘들이 직장과 가정에서성공하기 위해 할 수 있는 세 가지 방법을 조언한다.

▌가족 간에 대화 시간을 늘릴 방법을 고민하라

회사 일과 가정일 모두 동시에 잘해내기 어렵다. 아이들이 사춘기였을 때는 애착 문제로 어려움을 겪기도 했다. 그래서 남편과 함께 매주 읽을 책을 정해 가족 모두가 읽은 책 내용을 서로 공유하는 시간을 만들었다. 이를 통해 가족 간에 대화하는 시간을 가질 수 있었고, 아이들은 남을 설득하는 연습을 할 수 있었다. 만약 아이가 어리다면 평일이건 주말이건 항상 아이를 데리고 자는 것도 사소하지만 중요한 부분이다.

▌포기하지 말고 자신을 위한 기회를 계속 만들어라

가정적으로 에너지를 내야 할 시기가 있고, 일에 몰입해야 할 시기가 있다. 가정과 일 모두를 완벽하게 병행하기는 힘들다. 만약 아이를 돌봐야 한다면 일을 포기하지 않는다는 전제 하에 자신을 위한 준비를 해야만 한다. 본인의 역량만 준비되어 있으면 못할 것이 없다. 절대로 포기하지 말고 자신을 위한 기회를 지속적으로 만들어나가야 한다.

▌직장에서 함께 일하고 싶은 친구 같은 동료가 되어라

직장 생활을 잘하기 위해서는 함께 일하고 싶은 사람이 되어야 한다. 일이 아무리 힘들더라도 힘든 것을 나눌 수 있는 친구 같은 동료가 있으면 뭐든지 이겨낼 수 있다. 가장 중요한 자산은 조직생활에서의 인간관계이다.

회사에서는 주어진 일만 하는 것이 아니라 일 욕심을 내는 것도 중요하다. 조직 전체로 볼 때 성과가 나지 않더라도 다른 사람들보다 자발적으로 먼저 하는 것이 중요하다. 당장은 자신의 성과로 이어지지는 않지만 언젠가는 좋은 기회가 될 수 있다. 결국 회사에서의 존재감을 어떻게 드러낼 것인가는 자신이 선택하는 것이다.

'우다행' 결혼정보 업계 1위 듀오 CEO, 박수경 대표

박수경 대표는 '유리천장'을 뚫은 여성 CEO로 손꼽힌다. 국내 1위 화장품 업체인 아모레퍼시픽에 특별 채용되어 입사 7년 만에 최연소 임원으로 파격적으로 발탁되기도 했고, 현재는 국내 최대 결혼정보회사인 '듀오'의 CEO를 맡고 있다.

박수경 대표의 화려한 경력 뒤에는 유리천장을 깨기 위한 그녀의 노력이 쌓여 있다. 이왕 시작한 일이니 회사에 나의 이름을 알려야겠다고 생각했고, 임원이라는 꿈을 가지고 이를 악물고 열심히 일했다. 그 덕분에 결국 남자 동료들 중 가장 먼저 임원이 되었다.

워킹맘의 고충을 함께 나눌 사람도 없었지만 '이 또한 지나간다'는 마음가짐으로 하루하루 전쟁을 치르면서 견뎌냈다. 결국 아이를 키우는 워킹맘으로 육아와 일을 병행하면서 회사로부터 능력을 인정받았고, 8년 동안 아모레퍼시픽에서 고객 담당 상무로 일했다. 이후 결혼정보회사 듀오의 대표로 새로운 커리어를 시작하며 결혼을 통해 전 구성원이 행복한 사회를 만드는 꿈을 꾸고 있다.

최대 결혼정보회사인 듀오의 박수경 대표는 워킹맘들이 직장과 가정에서 성공하기 위해 할 수 있는 다음 세 가지 방법을 조언한다.

▌회사에선 일에 집중하고, 집에선 가족한테 집중하라

워킹맘들은 선택과 집중을 잘해야 한다. 직장에서는 아이 걱정하고, 집에서는 회사 일을 걱정하는 워킹맘들이 많다. 그 반대로 회사에 있을 때는 일에만 집중하고, 집에 있을 때는 가족한테만 몰입하는 게 중요하다. 직장 생활이 바쁜 만큼 주말에는 가족들과 많은 시간을 보내는 것도

중요하다. 주말에는 무조건 남편과 아이와 식사를 하며 대화를 많이 나누는 등 가정생활에 집중해야 한다.

▌ 자신의 전문 분야를 찾고 뛰어난 실력을 키워라

자신만의 전문 분야를 찾아 다른 사람들보다 뛰어난 실력을 키워야 한다. 여성의 최대 강점은 네트워크를 만드는 능력, 새로운 일에 대한 적응력, 여성 특유의 섬세한 감성 리더십이다. 그런 면에서 워킹맘은 친화력과 포용력을 발휘할 수 있는 리더로서의 역량을 갖추었다고 볼 수 있다. 워킹맘의 경험 자체가 자신의 가장 큰 강점이자 장점이 될 수 있다는 것을 기억해야 한다. 자신이 다른 사람에게 줄 수 있는 것이 무엇인지 정확하게 알고, 더 많은 것을 줄 수 있도록 항상 준비해야 한다.

▌ 힘들 때는 힘들다고 말하고 도움을 요청하라

여성이 유리천장을 뚫는 것이 쉽지 않은 만큼 대부분 혼자서 참고 견디는 방법을 택한다. 하지만 그렇게 참고 견디려고만 하면 오히려 좋은 성과를 내기 더 힘들다. 회사에서는 아이에게 미안해 눈물짓고, 집에서는 남아 있는 업무 때문에 스트레스를 받는 등 악순환이 반복될 뿐이다. 힘들 때는 힘들다고 이야기하고 주변에 도움을 요청할 수 있는 용기가 필요하다. 지난날 자신의 고민은 혼자만의 고민이 아니라 결혼과 출산을 한 여자 모두의 고민이라는 생각을 가져야 한다.

재취업과 창업에 도움이 되는 사이트와 기관

WORKING MOM

'재취업 준비'에 도움이 되는 사이트와 기관

❚ HRD-net(www.hrd.go.kr)

고용노동부 직업훈련포털로 취업 구직자들의 취업과 창업을 돕기 위해 직업능력 개발 훈련 정보와 서비스를 제공한다. 국민내일배움카드를 활용하여 나에게 맞는 과정, 자격, 일자리, e-러닝, 직업방송강의 등을 조회하여 필요한 교육 훈련을 수강할 수 있다.

❚ 서울시평생학습센터(sll.seoul.go.kr)

서울특별시의 평생학습포털로 온라인 학습, 월별 기관 강좌, 서울자유시민대학, 학습지원센터 등의 정보를 제공한다. 취업 및 자격증, 외국어, 교양 등의 온라인 강의를 무료로 수강할 수 있다.

❚ 큐넷(www.q-net.or.kr)

국가전문자격, 국가기술자격 등의 시행 종목 및 시험 일정 등의 정보를 확인할 수 있다.

❚ 민간자격정보서비스(www.pqi.or.kr)

국가공인 민간자격증 및 등록 민간자격증의 자격증 검심 및 민간자격 현황 등의 자격증 정보를 확인할 수 있다.

❙ 국가직무능력표준(www.ncs.go.kr)

국가직무능력표준(National Competency Standards, NCS)은 산업현장에서 직무를 수행하기 위해 요구되는 지식, 기술, 태도 등의 내용을 국가가 체계화한 것을 말한다. 해당 직무에 해당하는 채용공고, 자격 정보, 직업 정보, 훈련 정보 등을 조회할 수 있다.

❙ 여성새로일하기센터(saeil.mogef.go.kr)

임신, 출산, 육아 등으로 인해 경력이 단절된 여성들의 경제활동이 가능하도록 취업 상담, 직업 교육 훈련, 인턴십, 취업 후 사후 관리 서비스 등의 종합적인 취업 서비스를 제공한다. 직접 센터를 방문하거나 전화 문의 (1544-1199)를 통해 신청 가능하다.

❙ 워크넷(www.work.go.kr)

경력 단절 여성을 위한 취업 지원 프로그램, 주부 재취업 설계 프로그램은 물론 여성 우대 채용 정보, 입사지원서 작성법 등의 취업 가이드를 제공한다.

❙ (사)한국여성인력개발센터연합(www.vocation.or.kr)

전국 22개 법인에서 운영하는 53개 지역별 센터를 운영하고 있으며 직업능력 개발훈련, 구인구직 알선, 인턴 지원 사업, 직업 상담 등을 제공한다.

❙ 꿈날개(www.dream.go.kr)

경기도가 제공하는 여성 특화 경력개발 포털 서비스로 온라인 무료 교육, 취업·창업 역량 진단 서비스, 취업 상담 서비스, 직장 적응 상담 서비스 등을 제공한다.

'창업 준비'에 도움이 되는 사이트와 기관

❚ 창업넷(www.k-startup.go.kr)

온라인 창업 교육, 시설 공간 지원, 멘토링 컨설팅, 정책자금 등 창업에 필요한 다양한 서비스를 제공받을 수 있다.

❚ 소상공인마당(www.sbiz.or.kr)

예비창업 또는 초기 창업을 위한 맞춤 컨설팅, 소상공인 경쟁력 강화를 위한 교육, 폐업 충격 완화 및 재기 과정 지원, 정책자금 지원 등의 서비스를 제공한다.

❚ 창조경제혁신센터(ccei.creativekorea.or.kr)

전국 19개의 창조경제혁신센터는 예비 및 창업 기업을 위한 다양한 정책 및 역량 강화를 위한 온·오프라인 교육, 멘토링 지원 서비스를 제공한다.

❚ 공공서비스예약(yeyak.seoul.go.kr)

서울특별시의 공공 서비스를 이용할 수 있는 사이트로 강의실, 회의실 등의 시설 대관 및 교양, 취미, 인문 등의 교육 서비스 등을 제공한다.

▌한국여성벤처협회(www.kovwa.or.kr)

여성벤처기업의 발굴 및 창업 지원 사업, 여성벤처기업 간 정보 교류 및 네트워크 구성, 해외 시장 진출을 위한 채널 구축 및 지원 서비스 등을 제공한다.

▌여성기업 종합정보포털(www.wbiz.or.kr)

보육 공간 및 지원시설 지원, 저소득층 대상의 여성가장 창업자금, 창업 아이템을 발굴을 위한 여성창업경진대회, 여성기업 제품의 공공구매 홍보 등 여성기업을 위한 창업 지원 서비스를 제공한다.

▌서울특별시 여성창업플라자(www.seoulwomenventure.or.kr)

공예와 디자인 업종에 특화된 초기 여성 CEO를 위한 종합적인 창업 지원 서비스를 제공한다. 창업 상담 및 마케팅, 창업 노하우 전수를 위한 멘토링, 사업장 및 시설 등의 인프라 서비스를 지원한다.

▌한국여성과학기술인지원센터(www.wiset.or.kr)

여성과학기술인의 경력 단절 예방 및 경력 복귀를 지원하기 위한 창업 교육 프로그램, 경력 개발 멘토링 서비스를 제공한다.

면접관의 마음을
사로잡는
비법 공개

합격하는 승무원은 따로 있습니다

곽원경 지음 | 15,000원

**승무원을 하고 싶다면
이제 상위 1%를 꿈꿔라!**

승무원은 많은 젊은이들이 로망으로 꿈꾸는 직업이다. 그러나 항공업계가 심하게 타격을 입으면서 항공사들은 신규 채용에 대한 큰 부담감을 갖게 됐고 신규 채용을 하더라도 그 인원수가 이전보다 적기 때문에 그만큼 경쟁률은 높아졌다. 이 책은 대통령전용기에 탑승한 코드원 승무원인 저자의 경험을 바탕으로, 실제 항공사에서 선호하는 승무원의 자질과 태도에 대해 알려준다. 면접 준비와 이미지메이킹에만 치중해 획일화된 답변만 외우기보다는 승무원이 갖춰야 할 역량과 능력, 인성을 갖춰 면접관들의 마음을 사로잡는 법을 친절히 안내해줄 것이다.

인사 전문가가
알려주는
직업·진로
설계 방법

누구에게나 인생 직업은 있다

이우진 지음 | 15,000원

**"나도 내가 뭘 하고 싶은지 모르겠어"
매일 뭐 해서 먹고살지 고민하는 어른을 위한 해답서**

흔히 진로에 대한 고민은 청소년 시기에 하는 것이라 생각한다. 하지만 자신이 어떤 일과 잘 맞고 흥미 있어 하는지 제대로 알지 못하면 원하지 않는 전공을 선택하거나 기존에 쌓았던 커리어가 물거품이 되기 쉽다. 이 책은 뭘 하며 먹고살아야 할지 더 이상 방황하지 않고 인생 직업을 찾을 수 있도록 이에 필요한 개념과 사례를 들어 알려준다. 또한 꼭 가고 싶은 직장을 만났을 때 면접관에게 돋보일 수 있는 다양한 스킬들을 소개한다. 인생의 방황을 끝낼 수 있는 기회를 이 책과 함께 붙잡길 바란다.

아주 작은 도전의 힘

라수진 지음 | 13,800원

"도전도 스펙이다!"
꾸준한 도전으로 커다란 성취를 경험하라!

무엇을 하든 안 하든 인생은 계속 진행된다. 그런데 많은 사람들이 바쁘다는 핑계로, 혹은 '과연 될까?' 하는 미심쩍음으로 목표를 향한 도전을 미루거나 회피한다. 때로는 결과가 잘못될까 봐 불안하다는 이유로 시도조차 안 하기도 한다. 그러나 사실은 하고 싶은 의지가 없거나 현재의 자리에 안주하는 것에 익숙해 있는 건 아닐까? 15년간 영어 학원에서 수만 명을 가르치며 동기부여 멘토 '라쌤'으로 인기 높은 저자는 매일매일 도전하는 삶으로 행복과 만족감을 느끼는 '도전 전문가'다. 저자의 도전은 공부나 자격증 따기 같은 고전적인 것에서부터 재테크 공부로 돈과 친해지기, 관찰일기 쓰기 등 '나'라는 상품의 안과 밖을 모두 리뉴얼할 수 있는 영역까지 폭넓다. 이 책은 소소하지만 꾸준한 노력으로 성취감을 얻고 싶은 사람들 모두에게 누구나 생활에서 실천할 수 있는 작은 도전의 성공으로 자신감을 얻고 인생의 터닝 포인트를 만들 수 있는 길을 안내해줄 것이다.

우먼 그레이

변춘애 지음 | 14,800원

어서 와, 이 나이는 처음이지?
멋지게 사는 60대 춘애 언니의 라이프 스타일!

'청년기에는 이래야 돼', '노년기에는 이래야 돼'라는 의미가 퇴색한 지 오래다. 결혼 적령기, 출산 적령기, 퇴직 적령기와 같이 통과 의례라고 생각했던 일들의 경계가 희미하다. 그 경계에서 자신만의 라이프 스타일을 멋지게 살아가는 사람이 있다! 빨간 안경, 짧은 단발머리, 지나가다 마주치면 한 번쯤 눈이 돌아갈 만한 화려한 옷차림까지! 우리가 생각하는 60대의 모습과는 확연히 다르다. 그렇게 춘애 언니의 매력에 한번 빠지면 헤어 나올 수 없다. 우연을 기회로 잡는 방법을 춘애 언니의 삶에서 찾아보자!